Bibliothek für Genießer

DAS VORARLBERG-KOCHBUCH

Lesenswertes und Erlesenes vom Arlberg bis zum Bodensee

Lisbeth Bischoff

KRENN

VERWENDETE ABKÜRZUNGEN:

kg	Kilogramm	*l*	Liter
g	Gramm	*cl*	Zentiliter
EL	Esslöffel	*Msp.*	Messerspitze
TL	Teelöffel	*Bd.*	Bund
KL	Kaffeelöffel	*Stk.*	Stück

COVER: Marianne Prutsch, Wien
GRAFISCHE GESTALTUNG: Marianne Prutsch, Wien
TEXTE: Lisbeth Bischoff, Wien
LEKTORAT: Mag. Sigrid Würbel
FOTOGRAFIE: Fotostudio Riedmann, Vorarlberg Tourismus (Franz Oberhauser, Kevin Artho, Roman Horner), Tourismusverband Mostviertel (Weinfranz), fotolia.de
DRUCK UND BINDUNG: Gorenjski Tisk, Slovenia

Printed in EU 2009

ISBN: 978-3-902532-35-0

Inhaltsverzeichnis

Herbert Sausgruber, Landeshauptmann:

„Die Vorarlberger Küche verbindet für mich Erinnerungen an Lieblingsgerichte der Kindheit nach Rezepten der Köchin vom Schnifner Bädle, Fanny Ammann, die heute noch abgewandelt und verfeinert gern gekocht und gegessen werden.“

Oho Vorarlberg

Die Heimat auf dem Teller bringt Gourmets zum Schwärmen.

„Die Durchreisenden finden allhie guten Einkehr und werden von der guten, zahmen und wilden Federpracht und schönen Fruchten tractiert und mit gutem Trunk versehen, welches alles im Land wächst und zu bekommen ist. Und ist an allda über alles, was in Teutsch Welschen Land fürgehet, wegen des Passes wohl avisiert: Derohalben neben gutem Trank auch gute Ansprach oder Conversation allda zu finden." So schrieb Johann Wolfgang von Goethe am 2. Juni 1788 bei seinem Aufenthalt in Feldkirch.

„Die Hauptspeisen mittags im Ländle waren vorwiegend Eintopfgericht", erläutert Franz Maier-Bruck in seinem Buch „Vom Essen auf dem Lande". Dazu aß man Sauerkraut oder ein „Schnitzwasser" (Kompott aus frischem oder gedörrtem Obst). Der Speiseplan der Wochentage hatte einen festen Rhythmus, von alters her eine strenge Abfolge. Nur das Essen an Sonn- und Feiertagen war auf den großen Ablauf des Jahres ausgerichtet, da wechselten Fülle und Fasten, Fleischgerichte und fleischlose Kost in größeren, unregelmäßigen Abständen, von der Natur bestimmt. Im Jahresbrauchtum sind noch Spuren dieser „Natur"-Termine und Gewohnheiten zu finden.

Der Herbsttermin eröffnete die Feste der „Gabenfülle", die sich von den Schlachtfesten über Weihnachten erstreckten.

Der Fasching trumpfte noch einmal mit viel Essen auf – um den Winter endgültig zu besiegen.

Ostern war kein Fest der „Völlerei" – diese bot sich erst wieder zur Erntezeit an. Allerdings schrumpften im Laufe der Zeit auch diese festlichen Wochen voll Arbeit, aber auch voll von Speis und Trank, auf ein paar Tage zusammen, und nur die hohen kirchlichen Festtage, wie Weihnachten, Ostern und Pfingsten, umfassen noch heute einen Zeitraum von mehr als einem Tag. Und nur an diesen Festtagen folgen mehrere Fleischgerichte aufeinander.

Das Abendmahl der Vorarlberger Bauern war immer und ist auch heute noch überaus bescheiden. Es gab häufig ein Erdäpfelgericht, Salzerdäpfel mit Käse, Zi(e)ger und Salz- oder Braterdäpfel, auch ein „Riebel" wurde gerne aufgetragen (im Rheintal und im Walgau sogar häufig); in den Berggebieten waren Habermus und Maismus beliebt, nicht selten begnügte man sich mit einer Brenn- oder Milchsuppe, in die man Braterdäpfel oder Brot gab. Kinder bekamen nach dem abendlichen Melken meist zusätzlich eine Schale Milch.

Nach dem österreichischen Volkskundler Karl Ilg („Vorarlberger Nahrungsvolkskunde", 1954) war die volkstümliche Alltagskost der vorarlbergischen Bauern charakterisiert durch das Fehlen von Brot zu den Hauptgerichten, das Überwiegen der Pfannengerichte, die sich aus der Herstellung von Brei und dem Garkochen über offenem Feuer entwickelten, und durch den starken Käseverbrauch, der Hand in Hand mit der Fleischarmut ging.

„Die Belustigung der Ratsherren und angesehener Bürger hatte eine eigene Form. Zum Versammlungsplatze diente meistens ein größeres Gemacht auf dem Rathause, die gewählten Speisen und Getränke wurden auf die Familien ausgetheilt; die eine hatte Geflügel, die andere Schinken, die dritte kalten Braten, die vierte Backwerk, die fünfte Wein und Brod, und so jede etwas anderes herbei zu schaffen ..." (Franz Joseph Weizenegger, Vorarlberg. Das Leben der Bürger in Vorarlbergs Städten um 1800, Innsbruck 1839).

Beim gewöhnlichen „Landvolk" verhielt es sich – nach Weizenegger – etwas anders: „Die gewöhnlichen Speisen bestanden in Türkenbrei, Hafermuß, gerollter Gerste mit Bohnen

oder Fisole, Gartengemüse, frischem oder getrocknetem Obste. Milch ohne Rahm – Sahne – folgte nach jeder Mahlzeit, oder wurde mit der gekochten Türkengrütze aufgestellt; wollte man sich aber gütlich thun, so blieb der fette Rahm auf der Milch, und die Schüssel wurde mit Brodstücken vollgemacht. Fleisch aß der Bauer höchstens an Sonn- und Festtagen, wenn etwa ein Schwein oder Rind eine Zeitlang gemästet ward; frisch genoss man nur, was sich nicht aufbewahren ließ, alles andere kam in die Salzbeitze und dann in den Rauchfang, von wo es besonders zur Faschings- und Kirchweihzeit als Diegenes auf den Tisch gestellt wurde."

Die traditionell gewachsene Ess- und Trinkkultur ist beeinflusst durch die bäuerliche Küche.

Aufgrund des speziellen Dialekts und auch kulinarisch nimmt Vorarlberg geprägt durch seine alemannische Kultur in Österreich eine Sonderstellung ein. Milch- und Viehwirtschaft dominieren in der Landwirtschaft. Das Ländle gilt als das Käseland „par excellence" in Österreich. Es gibt kaum eine andere Kleinregion in Europa mit einer derartigen Vielfalt an eigenen Käsevariationen wie in Vorarlberg. Über 2000 Jahre gibt es hier Käsemacher, und die Begeisterung an der handwerklichen Erzeugung von Käse scheint nicht zu verebben.

Bis in die 2. Hälfte des 17. Jahrhunderts wurde im Bregenzerwald nur Sauerkäserei (die Milch wurde ganz entrahmt) betrieben, bei der man auch viel Butter erzeugen konnte. Diese Buttererzeugung war auch notwendig, da man Steuern an die Obrigkeit in Form von Butter abführen musste. Nach dem 30-jährigen Krieg kamen aus dem Appenzell Sennen in den Bregenzerwald, die den Einheimischen die Kunst des Fettsennens (die Milch wird dabei nicht oder nur teilweise entrahmt) vermittelten und die zum Teil auch hier Alpen pachteten und selbst Sennereien errichteten. Die typischen Alp- und Bergkäse entstanden in dieser Zeit und entwickelten sich zum „weißen Gold" der Region. Heute wird der Bregenzerwälder Bergkäse vorwiegend in den 17 Talsennereien, die halb- oder ganzjährig bewirtschaftet werden, nach alter Tradition hergestellt. Auch einzelne bäuerliche Käsemacher erzeugen diese traditionelle Käse-Spezialität der Region. Insgesamt werden an die 3000 Tonnen Bregenzerwälder Bergkäse erzeugt.

Zu den kulinarischen Kostbarkeiten Österreichs zählen die Bregenzerwälder Alpkäse, welche ausschließlich auf den Alpen im Sommer handgeschöpft erzeugt werden. Über 90 Sennalpen gibt es noch im Bregenzerwald, die dessen Höhen mit zahlreichen Milchkühen bevölkern. Unterschiedliche Gräser und Kräuter auf den verschiedenen Alpgebieten formen die geschmacklichen Nuancen der Alpkäse.

Der Montafoner „Sura Kees" ist eine regionale Spezialität, die durch die Jahrhunderte hindurch die Talschaft geprägt hat. Seit dem 12. Jahrhundert stellen die Montafoner den „Sura Kees" her. Damit kann das Montafon auf eine der ältesten Traditionen in der Käseherstellung im Alpenraum verweisen.

Die Landwirtschaft auf den steilen Berghängen im Großwalsertal bestimmt den Alltag der Walser Bauernfamilien. Die höchstgelegenen Alphänge liegen auf über 1.800 Meter Seehöhe. Fernab von industrialisierten Großbetrieben entsteht hier in traditioneller Handarbeit der „Walserstolz". Die dafür verwendete Rohmilch erinnert an die mit Löwenzahn, Alpenrispengras, Goldhafer, Rotklee und Silbermantel übersäten Bergwiesen. Täglich frisch angeliefert, gelangt die Rohmilch in die fachmännischen Hände der Walser KäsemeisterInnen, die in kleinen Sennereien dem Walserstolz ihr persönliches Siegel aufdrücken. Nach mindestens 8 Monaten Reifezeit zeichnet der Kellermeister den würzigen Käse besonderer Qualität mit der Marke Walserstolz aus.

Die Milch für den Käse liefert vorwiegend das Montafoner Braunvieh, eine heimische Rinderrasse, Schaf- und Ziegenmilch verzeichnen steigende Tendenzen.

In einem Käseland ist Kalbfleisch „natürlich" das edelste Fleisch heimischer Herkunft.

Das Ländle Kalb ist besonders zart, mild im Geschmack, fettarm und äußerst gesund. Es ist einfach zuzubereiten und zeichnet sich weiters durch seine garantiert kontrollierte Herkunft aus. Hochsaison hat das Ländle Kalb vor allem im Februar und März, was mit der Alpwirtschaft in Vorarlberg zusammenhängt. Echtes Ländle Kalb trägt das Ländle Gütesiegel. Besonderes Augenmerk gilt dabei der Aufzucht der Tiere. Ländle Kälber müssen in Vorarlberg geboren und gemästet werden. Die Fütterung der Tiere hat mit Vollmilch und ausgesuchten Milchaustauschern zu erfolgen und die Vorarlberger Tierhaltungsverordnung muss eingehalten werden.

Schaf, Lamm, Kitz stehen immer öfters auf den Speisekarten der Gastwirte. Vorarlberger Metzger setzen als „Ländle-Metzger" jährlich auf das Alpschwein, das auf den zahlreichen Käse produzierenden Milchalpen gemästet wird. Forellen und Bodenseefische wie der „Egli" oder das „Felchen" sind zarte Genüsse. Die Ernte des Ländle Apfels mit seinen knackigen Sorten wird im Land jedes Mal richtig gefeiert. Zu den saisonalen Höhenpunkten mit heimischen Lebensmitteln zählen auch die Erdbeeren, der Grünspargel, die Fraxner Kirschen und das Gartengemüse. Aus dem urigen Rheintaler Riebel, einer hellen Maissorte, wird ein weiteres „Nationalgericht" zubereitet.

Wie gut in Vorarlberg das Essen schmecken kann, war auch dem Schriftsteller Ernest Hemigway bekannt, als er in den Wintern 1925 und 1926 mehrere Ski-Monate im Montafon verbrachte. Gerne hat er im ältesten Wirtshaus im Montafon, dem „Löwen" in Tschagguns gegessen – und dem Zechen soll er auch nicht abgeneigt gewesen sein, so die Mär. Doch das ist alles Geschichte – die Gegenwart punktet mit der „kulinarischen Versuchung". Es muss wohl an der einzigartigen Landschaft liegen, die ihre Bewohner zu Höchstleistungen anspornt und dabei ihre traditionellen Wurzeln bewahren lässt.

Was Promis zum Kochen bringt ...

Viele berühmte Persönlichkeiten waren begeisterte Hobbyköche: Gioacchino Rossini beendete mit 35 Jahren seine Karriere als Komponist und widmete sich fortan nur mehr seinen Kochkünsten. Johann Sebastian Bach meinte gar, dass Komponieren und Kochen eigentlich dasselbe seien – bei beidem brauche man nur etwas Geschick und Know How. Denn ein Komponist brauche nur die 12 Töne immer wieder neu zusammenzusetzen, das ergebe laut Bach unendlich viele Möglichkeiten (womit er gewiss Recht hat). „Das ist wie mit den Zutaten beim Kochen", meinte der große Meister der Fuge.

Wer gut kochen kann, hat bei seinen Mitmenschen auf alle Fälle einen „Stein im Brett", wie der Volksmund sagt, egal, ob dies ein Lebens- oder ein Geschäftspartner ist.

Tone Fink, Künstler:

Bin schon zu lange vom Ländle weg, und kehre deshalb immer wieder gerne zurück! Seit neuestem liebe ich und mach' ich mir selber einen Riebel oder „Schtopfar" aus gesundem Hartweizengrieß und dazu trinke ich einen Milchkaffee. Was ich auch noch gerne in Erinnerung an „Bregenzerwäldermutterspeis" mach, sind gebratene Kartoffeln („brauto Grumpora") mit „Wissbrot dorzuo und a Schüssol Milch. Vom Schwozarmuos gär nüd redo!" Sind eigentlich „Armenspeisen" für Holzfäller und gar nicht gesund. Als Nachspeise ist mir noch SIG (Bregenzerwälder Schokolade) eingefallen, nach der ich süchtig bin!

Karl Stoss, Generaldirektor Casinos Austria:

Meine Versuche für eine Beantwortung:

1. Das Besondere an der Vorarlberger Küche: Es ist eine bodenständige, natürliche, authentische Küche – also ohne Schnörkel und Sonstiges.
2. Was schätze ich an der Küche: Ich liebe die einfache Art der Zubereitung und den Genuss als ein Stück Heimat, sofern wirklich mit Zutaten aus dem Ländle.
3. Warum magst du sie: Weil mich das Authentische interessiert und weil in Vorarlberg „Ja, natürlich"! schon lange ein Thema war, bevor es eine Lebensmittelkette erfunden hat.
4. Lieblingsspeisen: Käsfladen, Käsknöpfle, Riebel, Hafaloab und Speck, Gerstensuppe

Silvio Raos, Karikaturist:

Das Besondere an der Vorarlberger Küche ist der feine Mix aus regionalen Besonderheiten und Rohstoffen (Fische, Käse, Alpfleisch) und internationalen Einflüssen. Dabei schätze ich vor allem die leichte regionale Küche, weil sie authentisch und sehr einfach ist und ohne viel Schick-Schnack auskommt, wie zum Beispiel Bodenseefische mit feinen Zutaten wie Polenta oder zahnfrischem Gemüse.

Mein Lieblingsessen sind Rindsvögele mit Kartoffelpüree und Zuckererbsle und Süßes wie Ofakatz oder Öpfelküchle. Denn selbstverständlich bin ich auch ein Herbsüßer ...

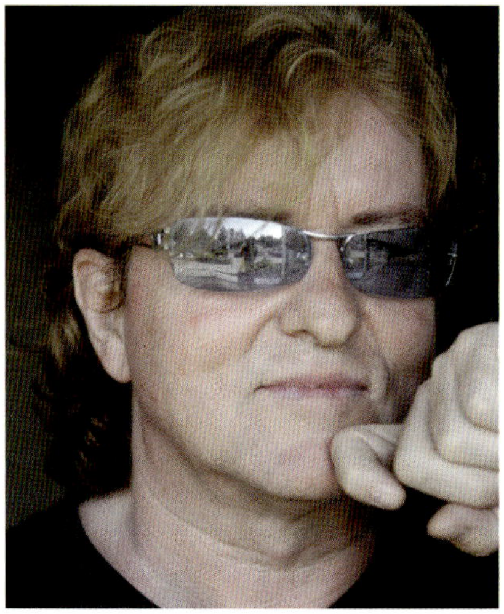

Reinhold Bilgeri, „Rock-Professor“:

„Oho Vorarlberg bischt zwoar als Land an Zwerg, klein aber oho, hollodrio!“ Das Ländle bedachte er dereinst liebevoll mit einer neuen Hymne. Seine Begeisterung für die Heimat hält bis heute an: Ich mag die heimische Küche in Kombination mit mediterranen Einflüssen. Die Farben der Vorarlberger Kost entsprechen auch der Landschaft – vom Bodensee bis zu den Hochgebirgsregionen – sozusagen vom Felchen bis zum Urriebel.

Ein Genussmensch ist er vor allem aber, wenn seine Frau Beatrix ihn bekocht oder „einkocht“, wie er es formuliert. Da gibt es dann auf besonderen Wunsch Käsknöpfle mit Apfelmus oder, wie wir es von den Bauern von früher kennen, Riebel mit Kaffee. Schwächeln tut Reinhold, wenn seine Beatrix ihn mit Hacklaibchen, Blaukraut und Kartoffelpüree einlullt. Für Beatrix ein unvorstellbarer Erfolg. Noch heute wird ihr ganz schummrig, wenn sie daran denkt, dass anlässlich ihrer Hochzeit am 23. Juni 1989 ihre Schwiegermama beim ersten Fernsehinterview ihres Lebens in die Kamera sagt: „Hackfleischlaibchen machen, das muss sie noch lernen!“

Eine andere Erinnerung hat Reinhold auch, allerdings der trinkfesten Art: „Schnaps, Jesus Maria, nur noch in geringen Mengen, sozusagen als Medizin, nicht nur weil ich in Zeiten des bescheuerten Komatrinkens ein echtes Vorbild sein will ..., sondern weil ich selbst schon in ein Loch gestolpert war ..., damals vor vielen Jahren auf einer Hütte im hochgebirgigen Vorarlberg, in dem Schnäpse (gute Schnäpse) hinter jedem Haus gebrannt wurden ... damals. Ich hatte mich eindeutig übernommen, musste am folgenden Tag zu einem Konzert, hab dabei ein halbes Flugzeug voll gekotzt und war für alle Zeiten geheilt. Most ist mir noch immer ein guter Freund, er ist irgendwie streichelweich, ein lieber Kerl und nicht ganz so hinterfotzig wie die scharfen Sachen.

Natürlich ist ein guter Subira nach wie vor ein schillerndes Kleinod unter den Spirituosen und Käsknöpfle ohne IHN sind ka Käsknöpfle ...“

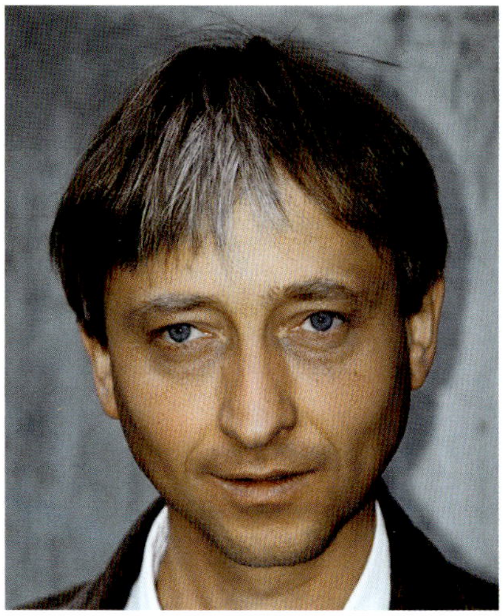

Herbert Willi, Musiker:

Essen gehört zu meinen Lieblingsbeschäftigungen. Es zählte für mich schon als Gymnasiast in der Unterstufe zu den schönsten Dingen im Leben. Schon damals habe ich mein Taschengeld dafür verwendet, um in den verschiedensten Lokalen Neues auszuprobieren. Auch heute noch – wenn ich unterwegs bin – probiere ich gern mir Unbekanntes. Beim Essen sind hochwertige Produkte aus heimischer Produktion sehr wichtig. Ich lege großen Wert auf frische Produkte. Es ist wichtig, welche Nahrung man zu sich nimmt. Denn ich bin überzeugt, dass die Ernährung unser Wohlbefinden, Denken und Fühlen beeinflusst. Wenn ich koche, dann z. B. ein Fischgericht oder Vollwertnudeln mit frischen Tomaten, Olivenöl, Basilikum und Salat aus dem eigenen Garten, manchmal auch Tofu und Gemüse. Aber ich bin kein großer Koch, essen kann ich besser!

„Hunger war der beste Koch“

Durchaus möglich, denn Raffinesse ist der alemannischen Küche nicht in die Wiege gelegt. Aber was einstens war, gilt längst nicht mehr – nicht mehr Hunger ist die beste Würze, sondern das exzellente Wissen um Zubereitung, gepaart mit der hohen Qualität heimischer Produkte. Was zu einer, betrachtet man etwa das Arlberggebiet, weltweit einzigartigen Dichte an ausgezeichneten Küchen geführt hat.

Helmut Benner, Altes Gericht, Sulz-Röthis

Die Liebe geht durch den Magen – oder auch nicht: Als Helmut Benner im November 1986 von den deutschen Landen seinem Herzen nach Vorarlberg folgte, stellte er fest, dass es „die“ Vorarlberger Küche gar nicht gibt, von Riebel und Kässpätzle einmal abgesehen.

Als Propagandist der Vorarlberg Küche hat er sich nie verstanden, wiewohl seine Karte ein Riebel-Dessert oder ein Ziegenkäseparfait aus dem Bregenzerwald schmücken. Allerdings legt er großen Wert darauf, mit heimischen Produkten zu kochen.

Über das Kochen? „Was gibt es Besseres, als sich mit dem Essen auseinanderzusetzen. Durch unseren Beruf stehen wir auf der Sonnenseite des Lebens – wir können genießen. Für mich bedeutet es einen Luxus, zu experimentieren, den Gast zu animieren, zu erziehen.“ Risiko, dass bezahlt werden will: Wenn er etwas Neues probiert, muss der Gast nicht bezahlen, wenn es ihm nicht geschmeckt hat. Bis heute haben noch alle bezahlt.

Dieses Risiko muss kalkulierbar bleiben; und da kommt der Begriff „Vertrauen“ in Spiel. „Wir haben ja in den letzten zwanzig Jahren keinen Lebensmittelskandal ausgelassen – umso wichtiger ist das Vertrauen. Wenn ich sage, dass ich nur Ländlekalb serviere, dann glaubt mir das der Gast. Weil ich der Überzeugung bin: Wer einmal lügt ...“

Trotz der hohen beruflichen (Koch-)Auslastung hat Helmut Brenner in den letzten Jahren wieder vermehrt angefangen, zuhause zu kochen. Geht die Liebe also doch durch den Magen? Zweifellos, aber sein privater Kocheifer hat andere Gründe – und die haben wiederum viel mit „Vorarlberger Küche“ zu tun: „In unserem Bereich finden Menschen, die viele Kalorien brauchen und nach dem Essen körperlich weiterarbeiten, die richtige Kost.“ Was einen kochfeinsinnigen Menschen wie Helmut Benner zum Löffel greifen lässt.

Romantik Restaurant Altes Gericht | *6832 Sulz-Röthis* | *Taverneweg 1* | *Tel. 05522/43111*

Franz Fetz, Hirschen, Schwarzenberg

Franz Fetz ist ein Herr. Und der Herr des Hauses. Und zwar was für eines: der Hirschen in Schwarzenberg, ein denkmalgeschütztes Gebäude im bäuerlichen Holzbarockstil. Bereits seit 1757 steht es für ländliche Gastlichkeit und verköstigte illustre Reisende wie Bayernkönig Maximilian II. oder auch den Dichter Eduard Mörike.

Sicher ist, dass sie dies in einer der vier originalen Bregenzerwälder Gaststuben taten. Was die hohen Herren verspeisten, ist hingegen nicht überliefert. Die Datenlage hat sich verbessert: Heute weiß man ganz genau, was die Gastronomie im Hause Fetz bietet. „Unsere Küche ist ein Mix aus Vorarlberger und österreichischer Küche. Ein paar Klassiker wie Kässpätzle, Öpfelküchle oder an Sunntagsbrota im Ofa mit Holz gfürat gehören einfach auf die Speisekarte."

Weswegen die Speisekarte bei Franz Fetz auch zweigeteilt ist: Auf der linken Seite Bodenständiges aus der Vorarlberger und österreichischen Küche, auf der rechten Seite Speisen aus der modernen Küche. Endgültig vorbei ist das Zelebrieren 5-gängiger Menüs. „Man will schick und schlank sein und uralt werden noch dazu. Da isst man ganz gezielt. Dabei kann es vorkommen, dass Wurstnudeln mit einem teuren Glas Wein zum Festessen avanciert." – Übrigens das Lieblingsessen von Franz Fetz.

Kochen, so Franz Fetz, ist mehr als Kochen. Was in der Algebra unrichtig ist, beweist der frühere Talkmaster Alfred Biolek: Der Hobbykoch verkauft mehr Kochbücher als der Koch des Jahrzehnts Eckhart Witzigmann. Franz Fetz erklärt es so: „Man bewohnt coole Häuser und will sie zeigen. Man spricht eine Einladung aus, lädt zum Essen ein und spricht über die wichtigste Nebensache der Welt: das Kochen. Hier kann inzwischen jeder mitreden – es ist schon längst das Thema Nummer eins beim Smalltalk."

Hotel „Hirschen" | *6867 Schwarzenberg* | *Hof 14* | *Tel. 05512/2944* | *www.hirschenschwarzenberg.at*

Christian Gölles, Post, Lech

Christian Gölles bezeichnet seine Küche als österreichisch-mediterran (österreichische Wurzeln mit einem Einschlag mediterraner Elemente). Was ihn keineswegs daran hindert, Kässpätzle im Programm zu haben.

Was kochen bedeutet? „Faszination und Leidenschaft". Und daher kocht er auch in seiner Freizeit zuhause – im Unterschied zum professionellen Werken ganz ohne Zeitdruck. Auch mit Zeit, aber einem ihrer schönsten Aspekte, hat das zu tun, was Christian Gölles an der Profession Küchenchef sehr schätzt: dem Takt. Diesen hat er vorzugeben. „Als Küchenchef ist man vom Anfang bis zum Ende integriert ins Miteinander: wie viel Zeit braucht der für die Suppe, der andere für die Vorspeise ..." Beim Kochen sind der Kreativität keine Grenzen gesetzt. „Immer mehr nehmen sich immer weniger Zeit fürs Kochen", so seine Bestandsaufnahme aktuelle Kochtrends betreffend – womit wir wieder beim Zeitdruck angelangt wären. Stattdessen erweitert man seinen Horizont durch Kochbücher, kann damit mitreden, was auf dem Teller so gang und gäbe ist. Und die schöne Küche zuhause dient meist nur noch Repräsentationszwecken. Aber es beginnt ja schon früher: „Wenn man die Wohnungsplanung ansieht, werden den Küchen nur noch wenig Raum zuteil. Es sind Küchen, nur noch gedacht für Kleinigkeiten und nicht für große Gelage – Fertigprodukte ..." Dabei, so Christian Gölles, sind doch beim Kochen der Kreativität keine Grenzen gesetzt. Der Gast ist König, und der König ist kritischer geworden. Weiß genau, wo er den Schweinsbraten isst oder den Steinbutt. Und wie hälts der Meisterkoch als Häferlgucker? „Ich selbst freue mich, wenn ich privat bekocht werde. Ich anerkenne die Mühe, die sich die Gastgeberin oder der Gastgeber gemacht hat, und verhalte mich nicht wie ein Lehrmeister." Besucht er ein Wirtshaus, möchte er zu einem vernünftigen Preis gut Essen gehen. Schwierig wird es für den Haubendekorierten allein, wenn er in ein anderes preisgekröntes Lokal Essen geht. „Da werden automatisch Vergleiche angestellt. Warum besser bewerten, wo ist der Unterschied? Da bin ich sehr kritisch."

Restaurant „Gasthof Post" | *6764 Lech am Arlberg* | *Dorf 11* | *Tel. 05583/22 060* | *www.postlech.com*

Bernhard Hochkogler, Brunnenhof, Lech

An einem Novembertag anno 2006 wurde es offiziell: Am kulinarischen Firmament am Arlberg wurde ein neuer Stern entdeckt. Es war ein Michelin-Stern, der seitdem über dem „Brunnenhof" in Lech am Arlberg mit Bernhard Hochkogler steht. Ein Fixstern? Jedenfalls in guter Gesellschaft, verfügt das ehemals kleine, hochalpin gelegene Dorf doch inzwischen über die größte Haubendichte Österreichs. Wobei Bernhard Hochkogler mit zwei (von Gault Millau) vergebenen Hauben selbst keinen unwesentlichen Anteil daran hat. Was, denkt man sich, außer Leidenschaft, kann denn Kochen für einen derart Geadelten sein? Und erhält als Antwort auf die Frage, was den Kochen für ihn bedeutet: „Leidenschaft". Und: „Ich esse sehr gerne, wenn es sehr gut schmeckt und toll aussieht – da kommt wirkliche Freude auf."

Bernhard Hochkogler ist kein Einzelkämpfer. Vielmehr lautet sein sympathischer Managementansatz: „Viele Köche verderben den Brei nicht." Nur wenn sich das ganze Team um neue kulinarische Inszenierungen bemüht, kann es gelingen, bei den Schi fahrenden Gourmets ein Fixstern zu werden. Dass er dabei vorwiegend auf die Mundpropaganda der „Winterfrischler" setzt, zeugt – zu recht – vom Vertrauen in die eigene Könnerschaft: „Stammgäste sind ein gutes Zeichen, dann stimmt das Vertrauensverhältnis." Die heimischen Küchen-Trends sieht er differenziert: Das, was zu Hause angerichtet wird, befindet sich im Wettstreit mit dem Essen außer Haus. Und liefert gleich seine Definition der Vorarlberger Küche: „Ich verfolge keine Trends, wechsle vielmehr die Speisekarte dauernd. Darauf zu finden sind nur Sachen, die ich selber gerne esse. Es macht keinen Spaß, das zu kochen, was ich nicht essen mag. Das ist mein Trend." Womit er ganz im Trend zu liegen scheint.

Brunnenhof - Gourmethotel | 6764 Lech am Arlberg | Tel. 05583/23 49 | Fax 0 5583/23 49-59 | www.brunnenhof.com

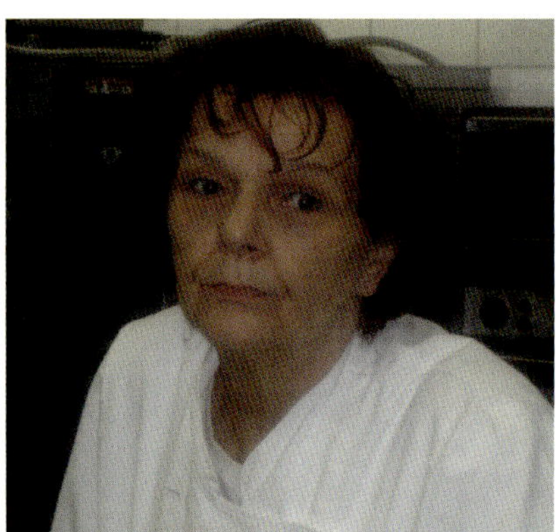

Erna Metzler, Das Schiff, Hittisau

Ab 7 Uhr beantwortet Erna Metzler alle Versuche, mit ihr in Kontakt zu kommen, einem Mantra gleich mit den Worten: „Moment, ich muss zuerst den Herd zurückschalten!" Und genau genommen tut sie das seit 35 Jahren: Kochen als Herausforderung, die sie von Jugend an angenommen hat. Zuerst ist es Alltag, dann Beruf, dann Berufung, so ihr persönlicher Zugang zum Kochen. Kochen? Das wird dem Tun der Küchenpionierin nicht gerecht, sind in dieser Zeit doch eine Vielzahl an neuen Rezepten entstanden: Rote Bete zum Gulasch etwa. Das hat auch mit Kreativität, vor allem aber mit viel Einsatz zu tun: „Das ständige Probieren fordert ein permanentes Umdenken. Die Gerichte werden zuerst im Kopf verarbeitet, erst nach drei oder vier Anläufen sind sie vollendet."

Anregungen holt Erna Metzler aus der Vorarlberger Küche: Eintopf, Riebel, Käsknöpfle verbindet sie mit Modernem, vermählt Thunfisch mit Kutteln. Und entspricht der Neugierde nach Wäldergerichten unter anderem mit einem 5-gängigen kulinarischen Käsemenü. Apropos heimische Produkte: Auch das hiesige Milchkalb hat es ihr angetan. Ein Kalb, das in einem Alter geschlachtet wird, in dem es sich noch von der Milch des Muttertieres ernährt. Das Fleisch dieser Tiere ist sehr mager und hat eher eine weiche, wässrige Konsistenz und ist von ganz besonderer Qualität. „Das Schwierigste in meinem Beruf ist die ständige Kreativität. Immer sollte etwas Neues auf den Tisch gebracht werden ... Da kann man nicht mit Missmut daran gehen!"

„Es ischt a schöne Zit", weil sich (viele) Menschen für ihren Beruf interessieren – und weil Erna Metzler diesen Beruf liebt.

Hotel „Das Schiff" GmbH | Familie Metzler | 6952 Hittisau | Tel. 05513/6220 | Fax 05513/6220-11 | www.schiff-hittisau.com

Ellen Nenning, Gams, Bezau

„Hunger ist der beste Koch." Dem widerspricht Ellen Nenning sofort: „Aus Hunger isst man heute nur noch in den seltensten Fällen. Kochen ist Lifestyle: Frau und Mann kochen aus Genuss, um einen schönen Abend zu gestalten." Und, möchte man hinzufügen, weil sich wahre Kochkunst nicht alleine im Sattsein erschließt.

Kein Lifestylemagazin mehr ohne Kochseiten, kein junger Mann, der seinen Schatz nicht auch kochend verführt. Weswegen sich die Gastronomie heute Gästen gegenüber weiß, die sehr kundig sind. Dabei war Vorarlberg nie ein kulinarisches Paradies. Deftige Kost, um mit wenig Mahlzeiten die größtmögliche Energie zu erzielen – in der Betriebswirtschaft als das Maximalprinzip bekannt.

Und heute? „Die Zeiten sind schon lange vorbei, dass die Gourmetküche nur mit Lachs und Kaviar zu tun hat. Buchteln, Kutteln & Co können bei uns keinen Einzug halten - weil sie nie Auszug gehalten haben!" Womit wir bei der Frage angelangt sind, was denn nun der beste Koch sei? „Ein guter Koch ist jemand, der aus normalen Produkten etwas Außergewöhnliches machen kann. Das ist in Ansätzen erlernbar, aber ohne eine gehörige Portion Eigeninteresse geht gar nichts. " Die Organisation, die Logistik der Produktbeschaffung, woher es auch immer kommt – von der Languste bis zur Butter des Nachbarn – ist Basisarbeit und gehört zum Alltag der Meisterköchin. Das Ergebnis all dessen und damit die wahre Küchenmeisterschaft zeigt sich schließlich auf dem Teller des Gastes. Für Ellen Nenning bedeutet Essen gehen im Restaurant Vertrauenssache. Und einmal Vertrauen gefasst, hält zumindest diese Beziehung für immer.

Genießer- & Kuschelhotel Gams | *6870 Bezau* | *Platz 44* | *Tel. 05514/2220* | *Fax 05514/2220-24* | *www.romantik.cc*

Franz Riedler, La Fenice, Lech

Spricht man Küchenchef Franz Riedler, Niederösterreicher, auf die Vorarlberger Küche an, fängt er gleich dort nach Erkenntnissen zu graben, wo er steht: und findet dort den Riebel, den seine Chefin kocht. Denn der sei der Beste weit und breit ...

Generell erlebt er die traditionelle Vorarlberger Küche als eher bescheiden: Die Region vor dem Arlberg war durch ein armes Bauernvolk besiedelt, das mit billigen Mitteln und günstigen Produkten Essen zubereitete. Doch mit der Renaissance der bodenständigen Küche erlebt auch die Vorarlberger Kost ein Aufleben – nicht zuletzt in Berghütten, das ganze Jahr über.

„Nichts auf dem Teller, alles auf der Rechnung", meinte einst Kochpapst Paul Bocuse über die Nouvelle Cuisine. Aus und vorbei, sozusagen gegessen? „Das ist natürlich ein Schmarrn! Wir sind ein Wintersportort, Höhenluft (1400 Meter) macht Appetit. Bei uns findet sich reichlich auf dem Teller. Wer fünfzig bis siebzig Euro für ein Essen investiert, sollte beim Verlassen des Restaurants nicht aus Hunger sofort zum Würstelstand hetzen." Ein Symposion mit Österreichs Spitzenköchen brachte es 2006 auf den Punkt: Die neue Einfachheit, die neue Ehrlichkeit hat in der heimischen Gastronomie Priorität. Aus, vorbei mit Begriffen wie Clean Food, Convenience Cooking oder Hand Held Food ... Gibt es noch ein Originalrezept der Kässpätzle? Wobei das mit dem Original auch bei Kochrezepten so eine Sache ist: Das Wiener Schnitzel stammt bekannterweise aus Mailand.

Unbestritten ist jedenfalls die Bedeutung der Käsmischung: Bergkäse, Räßkäse und Sura Käs. „Der richtige Vorarlberger isst die Kässpätzle mit Kartoffelsalat. Mir persönlich ist das zu schwer, das ist ja eine wahre Bombe. Ich esse einen grünen Salat dazu." Und, gräbt man ein wenig tiefer, dort, wo er steht, findet man seine Erkenntnis: „Das Zerrisserle, den Subirer danach, verachte ich nicht!"

Hotel Arlberg Restaurant La Fenice Tannberg | *6764 Lech* | *Haus Nr. 187* | *Tel. 05583/2 13 40*| *Fax 05583/21 34 25*
www.arlberghotel.at

Thomas Scheucher, Guth, Lauterach

„Zunehmend ist der Mensch, was er isst ... Kochen ist chic geworden. Dank Jamie Oliver finden es auch die Jungen cool, heiße Gerichte zu zaubern“, so Thomas Scheucher. Die traditionelle Vorarlberger Küche bietet keinen leichten Anschluss an diese Entwicklung: „Sure Rüba, Hafaloab & Co.“ ist eine schwere Kost. Weswegen Thomas Scheucher auf neue Produkte heimischer Produzenten zurückgreift wie zum Beispiel auf Lamm. Und heimische Gewässer nutzt, um etwa frisch gefangenen Zander zu kredenzen. Wissen und Kreativität sind es, die aus den Rohmaterialien und den Rezepten eine gelungene Komposition machen.

Apropos Musik: Johann Sebastian Bach meinte gar, dass Komponieren und Kochen eigentlich dasselbe seien: Bei beidem brauche man nur etwas Geschick und Know-how. Komponieren – das liegt Thomas Scheucher. Und so lässt er Asiatisches in Bodenständiges einfließen; gibt Linsen mit indischen Gewürzen eine neue Komponente. Und von seiner Kichererbsensuppe mit Olivenöl ist der gestrenge Selbstkritiker auch ganz angetan. Kochen verbindet – nicht nur die Ingredienzien, sondern auch die Menschen. Der Andrang zu Thomas Scheuchers Kochkursen ist enorm. „Beim Kochen sind alle Menschen gleich. Es gibt keine Hierarchie, nur ein Miteinander. Man unterhält sich und kocht. Wie dereinst bei unseren Vorfahren, als sich alle ums Feuer scharten.“ Im Restaurant hat sich der Sozialraum als die „gemeinsame Feuerstelle“ entwickelt. Gedacht als Rückzugsgebiet für die Mitarbeiter, findet auch der Gast nach getaner Arbeit, sprich dem Essen, auf ein letztes Gläschen zu dieser wohligen Stätte. „Ma redat und hots einfach fein mitanand!“, so Thomas Scheuchers Beschreibung seines sozialen Digestif.

Restaurant Guth | 6923 Lauterach | Wälderstrasse 10 | Tel. 05574/72470 | www.restaurantguth.at

Michael Schwarzenbacher, Mangold, Lochau

Michael „Mike“ Schwarzenbacher beginnt mit einem Understatement: „Beste gutbürgerliche Küche Österreichs - von Falstaff und Vip Gourmet Club haben wir diese ehrenvolle Auszeichnung für das Jahr 2007 verliehen bekommen. Wir meinen, es bestätigt uns, auf dem richtigen Weg zu sein.“

Fragt sich, auf dem richtigen Weg wohin? Das Woher hingegen ist klar und eindrucksvoll: Schwarzenbacher hat dem großen spanischen Küchenmeister Ferran Adrià in die Töpfe geschaut hat. Ferran gilt als der kreativste, verrückteste und genialste Koch der Welt. Das „Time Magazine“ wählte ihn - als einzigen Koch - sogar in die Liste der 100 innovativsten Menschen des 21. Jahrhunderts. Ein Maître, der bewegt.

Kosmopolitische Offenheit und Vorarlberger Küche – geht das denn zusammen? Ja und Nein: „Mit Knöpfle, Riebel, Suura Räba oder Hafaloab lassen sich Gaumen nur schwer kitzeln: Vorarlberg hat keine ruhmreiche Küche.“ So weit, so bedauerlich – aber das Bonmot: Es gibt nichts Schlechtes, was nicht auch ein (sehr) Gutes hätte: „Vorarlberg ist das Elsass Österreichs“, so der gebürtige Salzburger. Zwar findet sich mit Kässpätzle auch ein Gericht aus der einstigen Armenküche auf der Speisekarte, doch hauptsächlich lässt er all das, was auf der ganzen Welt passiert, in seine Speisen einfließen. Und so probieren er und „sein Superteam“ an jungen Leuten stets neue Gerichte aus. Gemeinsam ist diesen die Ausrichtung an einer leichte Küche mit mediterranen und internationalen Einflüssen; mit dem Augenmerk auf Frische und Qualität der verwendeten Produkte. Denn alle Zauberei basiert auf dem erlernten Handwerk. Dass sich bei 170 Sitzplätzen das Bespielen eines Restaurants nicht in der „Kocherei“ erschöpft, versteht sich von selbst. Dabei sieht man sich mit Gästen konfrontiert, denen bei aller Individualität jedenfalls eines gemeinsam ist: „Der Gast ist mündig, viel besser informiert als noch vor zwanzig Jahren. Ging er früher nur in sein Stammlokal essen, variiert er heute: An einem Tag besucht er ein asiatisches Restaurant, am nächsten Tag kommt er zu uns ...“ – und am übernächsten auch.

Restaurant Mangold | 6911 Lochau am Bodensee | Pfänderstraße 3 | Tel. 05574/4 24 31 | Fax 05574/4 24 31 9
www.restaurant-mangold.at

Nina und Werner Sotriffer, Neubeck, Bregenz

Reden kann sie, und das gleich in mehreren Sprachen. Nina Sotriffer vom Restaurant Neubeck in Bregenz ist - was die Kochkünste betrifft - eine Quereinsteigerin. Und das kam so: Sie war Dolmetscherin, lebte in Paris, und lernte die besten Restaurants an der Seine kennen. Das schärfte nicht nur ihre Sinne, sondern auch ihren Gaumen. Durch die Vielzahl geschmacklicher Raffinessen angeregt, begann sie selbst, den Kochlöffel zu schwingen.

Die verzögerte Passion erweist sich als Glücksfall, sind doch etwa die Auswirkungen eines Asienaufenthalts auf der Speisekarte unverkennbar. Und wenn Gast sich mittags (oft) an Bodenständigem delektieren kann, kommt ihr kosmopolitischer Zugang auf sprachlicher Ebene „daher“: etwa als Plädoyer für die Blutwurst. Unterstützung erhält sie von der Bruderschaft des Ordens der Blutwurstritter (Confrérie des Chevaliers du Goûte Boudin), einer Vereinigung von Blutwurstmetzgern mit Sitz in Mortagne-au-Perche im Süden der Normandie. Die Blutwurstritter haben sich zum Ziel gesetzt, den Ruf und die Qualität der Blutwurst der Region zu verteidigen. Liebevolle Spinnereien? Auch die dem Schwärmerischen unverdächtigen Schweizer gründeten bereits 1968 den Verein zur Förderung des Ansehens der Blut- und Leberwürste. Und so verwundert es kaum, dass die Neubeck-Chefin auch einem heimischen Produkt zur Namens-Ehre zu verhelfen sucht: Randig. Als sie vor einiger Zeit in der viel gesehenen ORF-Kochserie ein Rote Rüben-Macchiato zubereitete, nannte sie das Gemüse „Randig“. Die Telefone liefen heiß ... Fazit: Sotriffer sammelt seither Unterstützung für die Wiederaufnahme der Bezeichnung Randig in Schulkochbüchern. Der von außen geschulte Blick auf die Landes-Küchen eröffnet immer wieder interessante Perspektiven: Dass Speisen nur in einer vollkommen ausgestatteten Luxusküche gelingen, hält sie für ein Gerücht: „In Paris gibt es in den Privathaushalten in einer Küche nur die Grundausstattung: da ein Herd, ein Kästchen, die Abwasch. Die Benützer kochen durchschnittlich hervorragend. In Vorarlberg ist die Einbauküche das Vorzeigeobjekt, ein Luxus, den man sich gerne leistet. Doch wozu das alles, wenn man dann nur eine Pizza ins Rohr schiebt!“

Und wie hält sie es selbst mit dem Kochen? Ein Faszinosum? Nina Sotriffer verneint: „Ich stehe kochend am Herd und kommandiere. Die achtköpfige Kochcrew hört auf meine Befehle. Ich bin minutengenau, nein halbminutengenau pünktlich, damit alle zur gleichen Zeit das Essen serviert bekommen. Das macht mir Spaß!“ ?

Restaurant „Neubeck“ | Anton-Schneider-Straße 5 | 6900 Bregenz | Tel. 05574/43609 | Fax 05574/43710 | www.neubeck.at

Für alle, die a klä Hoamweh hond.

a biz:	ein bisschen
a bizile:	Verkleinerungsform von a biz
abbutzat:	link, ausgefuchst, schlau
allpot:	ab und zu, immer wieder
amächelig:	appetitlich
an körige Dampf:	Heißhunger
Andoranand:	durcheinander
Ätepetäte:	geziert, fein, hochgestochen
Bacheschtoaner:	stark riechender Backsteinkäse
Bibele:	kleines Huhn
Bomeransche:	Orange
Bosniak:	Roggenbrötchen
Brokkat:	hineingebrocktes Brot – Brotschmarren
Bromerle:	leichtes Räuschlein
dahoam:	daheim
Dunklmüsla:	im Dunkeln herumtun
Eassa:	muss schwer im Magen liegen
s'Eassa ischt körig:	das Essen ist gut
Epfelbutze:	Apfelkerngehäuse (altbregenzerisch)
Fazenetle:	Taschentuch
Feazza:	Fetzen, starker Rausch
Feschteassa:	genug und gut zu essen
furig:	sättigend
Gfret:	Ärger, Unannehmlichkeit
Gschpana:	Spielkamerad, Freund
Flädle:	Fritatten
Fidlerriißer:	lebhafter Tanz
Giggeler:	Hahn
Gschiss:	übermäßiges Theater um irgendetwas machen
Guggumera:	Gurke
Guttara:	Flasche oder auch Schimpfwort für eine Frau
no a Guttera:	noch eine Flasche
Guettele:	kleine Bäckerei, Süßigkeit
häl tuo:	sich einschmeicheln
Hampfel:	Handvoll
Herraleable:	Pärle
Herraleabler:	Übername für Bregenzer
Kog:	Kerl (abwertend gemeint)
hura Kog:	besonders mieser Kerl
Kaffeehäfele:	Kaffeetasse
Kneippar:	Sandalen
Kratzat:	Schmarren
Kräwirschtle:	schlacksige Gestalt (oftmals selbst damit verspottet)
Krömle:	süßes Mitbringsel
Loabate:	übrig gebliebenes Essen
Multschere:	Früchtebrot
Mutz:	Kuss
Mützle:	Küsschen
Mus:	Brei oder Maus
noche:	weiter (jetzt got as endle noche!)
net lumpa lot:	großzügiger Mensch (meist zu sich selbst!)
nüt für uguat:	bitte nicht böse sein
Pflutta:	Riebel-Art oder behäbige Frau
Rätschkachel:	ein Mädchen, das alles verrät
Schlotzar:	Lutscher
schnipfla:	in kleine Schnipfele schnitzeln
Schooß:	Schürze

Schwartemaage:	Preß-Sack oder Sulze	Türke:	Mais
Soachtäscha:	Schimpfwort für freche Mädchen (nicht salonfähig)	Watscha:	wenn das Essen nicht körig war
Spärglamenta macha:	Aufwand betreiben	woll back: (auch moll back)	Ausruf des Erstaunens
tschiegge:	schief gehen, sodass die Absätze abgetreten werden	Zitzele:	Krenwürstchen

Redewendungen

Am Hund im Füdle:	ganz versteckt
An leara Schtrohsack schtot it ufreacht:	Von nichts kommt nichts.
An Schpuntus ho:	Respekt vor jemanden haben
As menschalat:	Niemand ist vollkommen.
Besser a Lus uf'm Krut, als gär ka Fleisch!	Besser ein wenig als gar nichts.
Deam louft's Häfele ibr:	wenn jemand explodiert
Des passt dr, wia anara Kuah a Schealle:	Passt, wie der Kuh die Glocke.
Guata Moscht und sura Käs, dafür gib i mis Sunntighäs	
Gschiider als Salomo's Katz:	obergescheit
I wird der zoaga, wo Bartle da Moscht holt!	
Liabr da Maga vrrenka as am Würt eppas schenka!	
Mit volla Hosa ischt liicht schtinke:	Wer viel hat, kann leicht reden.
Wer it will, hot ghet.	Wenn Kinder nicht essen wollen

Tischsitten

Tischordnung

Die Tischordnung war im Haus der meist dienstbotenlosen Vorarlberger Bauern jahraus, jahrein die gleiche. An der einen Seite saß der Vater, ihm gegenüber die Mutter. Jeder hatte sein eigenes Besteck.

Tischsitten

Die Zahl der Fleischbrocken in der Suppe wurde von den Gästen als Zeichen von Großzügigkeit oder Knauserigkeit des Gastgebers gesehen – je mehr, desto besser.

Gewöhnlich hatten nur die Vornehmsten eigene Schüsseln, Teller und Trinkbecher. Die anderen aßen immer paarweise, zwei Personen teilten sich ein Gedeck. Messer und Löffel nützten wenig, wenn man sich ein Stück Fleisch samt Knochen aus der Soße holen wollte. Sie sich schon immer gefragt haben, warum Sie von klein auf angehalten wurden, VOR dem Essen die Hände zu waschen, dann könnte das der Grund sein.

Erst einmal mit sauberen Händen an den Tisch gesetzt, lauerte die nächste Schwierigkeit, die Hände während des Essens sauber zu halten. Autoren zahlloser Anstandsbücher sprechen eine klare Sprache. Sie legten ihren Lesern nahe, sich während des Essens nicht mit den Fingern zu schnäuzen und sich nicht an jenen Stellen der männlichen Anatomie zu kratzen, die man mit so wohlklingenden Ausdrücken wie „das Gemächt“ belegte.

Gezügelt durch Knigge werden wir von klein auf trainiert, dass Rülpsen, Niesen und Gähnen tunlichst zu vermeiden sind.

Martin Luther sagt man folgenden Ausspruch nach (zu seinen Gästen): „Warum rülpset und furzet ihr nicht? Hat es euch nicht geschmecket?“.

Von dem römischen Kaiser Claudius wird berichtet, er habe „einen Erlass geplant, der das laute oder leise Abgehen von Winden bei Tisch gestatten sollte, nachdem er von einem Mann gehört hatte, der aus lauter Bescheidenheit sein Leben in Gefahr brachte, indem er sich zurückzuhalten versuchte“.

INRI
Gib uns
heute unser tägliches Brot

Jause

Auch der als fleißig bekannte Vorarlberger macht einmal Pause.

Und dann nimmt er gerne eine so genannte Zwischenmahlzeit zu sich. Also, nach dem Frühstück, vor dem Mittagessen, nach dem Mittagessen, also vor dem Abendessen. Vesper, Brotzeit, Jause, Marende, Znüni und Zvieri – im deutschen Sprachraum existieren zahlreiche verschiedene Ausdrücke

Znüni wird in Vorarlberg die morgendliche Zwischenmahlzeit genannt. Die Bezeichnung ist von der Zahl Neun (im Alemannischen: nüün) abgeleitet, da die Pause meistens gegen neun Uhr gemacht wird. Analog dazu ist das Zvieri von der Vier abgeleitet. Die Bezeichnung Znüni wird aber auch dann verwendet, wenn die Pause zu einer anderen Zeit gemacht wird, beispielsweise erst um zehn Uhr.

Doch die allseits bekannte Jause hat in Vorarlberg viele Namen. Auch gilt es zu unterscheiden, ob sie am Vormittag oder am Nachmittag stattfindet.

Und so nimmt der Lustenauer am Nachmittag „an Marend" zu sich. Dieser Begriff hat sich auch in dem länger romanisch gebliebenen Südvorarlberg, dem Großen Walsertal und dem Rheintal für die vormittägliche Jause gehalten.

Die Bezeichnung „Brionda" oder „Brendesso" hört man in altbesiedelten Talschaften des Walgaus und des Rheintales aber auch im Montafon und in den Walsertälern. „Brend" und „Brenn" heißt die Jause um Frastanz und Blons.

„Marend" sowie „Brionda" und „Brendesso" leiten sich vom lateinischen „merenda" = „das einem Zustehende" bzw. vom rätoromanischen „Marenda" = „Mittagessen" ab. Ein „Marender" ist einer, der sich beim Essen „net lumpa lot"!

„Znüni" hat sich als Bezeichnung in vielen Gebieten für die Vormittagsjause durchgesetzt. „Vesper" bezeichnet den kleinen „Znacht" (Abendessen) vor den Stallarbeiten Melken und Misten. Auf mittelalterliche klösterliche Einflüsse geht der Name „Vesperbrot" zurück. Jüngeren Ursprungs sind die vor allem in Südvorarlberg gebräuchlichen Namen für die Neunuhr-Zwischenmahlzeit „Unterbrot" und für die Nachmittagsjause „Z'Viereeasso".

Wie der Volkskundler Karl Ilg in seiner „Vorarlberger Nahrungsvolkskunde" 1954 ausführte, kannten die Vorarlberger fünf Mahlzeiten am Tag. Das galt vorwiegend für den Sommer. Wenn es dem Winter zuging, ließ man meistens die Nachmittagsjause weg.

Doch das ist lange her. Heute verzichtet der figurbewusste Vorarlberger nicht nur auf Marend oder Zvieri, sondern auch auf die Hauptmahlzeiten. Viele gönnen sich nur noch einen Snack oder Imbiss.

Suppen, Eintöpfe

Älpler-Flädlesuppe

FÜR 4 PORTIONEN:

100 g	*Mehl*
200 ml	*Milch*
2	*Eier*
	Salz, Pfeffer
2–3 EL	*geriebener Käse*
	etwas Öl oder geschmolzene Butter
1 l	*Rindsuppe*
2 EL	*gehackter Schnittlauch*

SCHRITT 1: Aus Mehl, Milch, Eiern und geriebenem Käse einen dünnflüssigen Teig herstellen. Mit Salz und Pfeffer würzen und etwas Öl oder flüssige Butter darunter mischen. Wenig Öl in einer Pfanne erhitzen und dünne Palatschinken backen. Auskühlen lassen, anschließend zusammenrollen und in feine Streifen schneiden.

SCHRITT 2: Suppe aufkochen lassen und in Tellern anrichten, die Flädle darin verteilen und mit Schnittlauch bestreut servieren.

Türkasuppe

FÜR 4 PORTIONEN:

1	*Zwiebel*
6 EL	*Polenta*
2 l	*Suppe*
	Salz, Pfeffer
	Muskat
	Petersilie
	Knoblauch
	Butterschmalz

SCHRITT 1: Die Zwiebel fein hacken und im heißen Schmalz goldgelb rösten. Die Polenta dazugeben, kurz mitrösten und dann mit der Suppe aufgießen. Die Gewürze zugeben, etwa 30 Minuten leicht kochen lassen. Mit Salz und Pfeffer abschmecken.

TIPP:
Zur Verfeinerung kann man eine Karotte mitkochen.

Bettlersuppe

FÜR 4 PORTIONEN:

4–6 EL Mehl
2 Eier (wahlweise)
Salz
2–3 EL Milch oder Wasser

SCHRITT 1: Aus Mehl und Milch oder Wasser sowie wahlweise Eiern einen dickflüssigen Teig rühren. Salzen und langsam in kochendes, leicht gesalzenes Wasser (oder eine klare Fleischsuppe) einlaufen lassen. Aufkochen lassen, servieren.

Bregenzer Fischsuppe

FÜR 4 PORTIONEN:

1/2 kg gemischte Filets von Bodenseefischen (z. B. Zander, Lachsforelle), entgrätet und ohne Haut
750 ml Fischfond oder Fischsuppe
200 ml trockener Weißwein
einige Safranfäden
6–8 Stk. Cocktailtomaten
2–3 Scheiben Weißbrot
Butter zum Anrösten
Salz, Pfeffer
1 EL gehackter Kerbel

SCHRITT 1: Sorgfältig entgrätete Fischfilets in mundgerechte Stücke teilen.

SCHRITT 2: Fischfond (bzw. Suppe) mit Weißwein und einigen Safranfäden aufkochen lassen. Fischstücke einlegen, Hitze sofort reduzieren und maximal 10 Minuten knapp unter dem Siedepunkt ziehen lassen.

SCHRITT 3: Die Cocktailtomaten kurz mit siedendem Wasser überbrühen, schälen und 3 Minuten vor dem Ende der Garzeit zur Suppe geben.

SCHRITT 4: Würfelig geschnittenes Weißbrot in etwas Butter knusprig rösten.

SCHRITT 5: Fertige Fischsuppe mit Salz und Pfeffer abschmecken und in vorgewärmte Suppentassen füllen. Croûtons und frisch gehackten Kerbel darüber streuen und servieren.

Brätknödelsuppe

FÜR 4 PORTIONEN:

- *200 g* *Kalbsbrät*
- *1* *Ei*
- *2 EL* *Schlagobers*
- *1* *Semmel*
- *3 EL* *Semmelbrösel*
- *1 EL* *Stärkemehl*
- *1,25 l* *Rinds- oder Gemüsesuppe*
- *Salz, weißer Pfeffer*
- *Cayennepfeffer*
- *gehackte Petersilie*
- *Milch*

SCHRITT 1: Die Suppe erhitzen. Für die Knödel zuerst die Semmel klein schneiden, in Milch einige Minuten einweichen und ausdrücken. Mit dem Kalbsbrät, Schlagobers, dem Ei, gehackter Petersilie und den Gewürzen vermengen und rund 30 Minuten rasten lassen. Je nach Bedarf Semmelbrösel und Stärkemehl zufügen und Knödel formen.

SCHRITT 2: Die Suppe erhitzen, leicht kochen lassen und die Knödel darin 8–10 Minuten ziehen lassen.

Brennsuppe

FÜR 4 PORTIONEN:

80 g	*Butter oder Schmalz*
4–6 EL	*Mehl (wahlweise Weizen-, Mais- oder Hafermehl)*
1,25 l	*Wasser*
	Salz
	Muskatnuss
	Kümmel

SCHRITT 1: Das Mehl in einer Pfanne mit Butter nicht zu dunkel rösten, mit Wasser langsam aufgießen und gut verrühren, damit keine Klümpchen entstehen. Mit Salz, Muskatnuss und etwas Kümmel würzen und aufkochen lassen.

SCHRITT 2: Zur Brennsuppe isst man gekochte, geschälte Erdäpfel.

Geröstete Brotsuppe

FÜR 4 PORTIONEN:

4–6	*Scheiben Schwarzbrot*
1	*Zwiebel*
	Petersilie
2 EL	*Mehl*
40 g	*Fett*
1 l	*Wasser*
2–3	*Eier*
	Suppengewürze

SCHRITT 1: Altes Schwarzbrot in dünne Scheiben schneiden. Mit gehackter Zwiebel, klein geschnittener Petersilie und wenig Mehl in heißem Fett anrösten. Mit Wasser aufgießen, leicht salzen und kochen, bis die Brotscheiben verkocht sind. Anschließend 2 bis 3 frische Eier einrühren und mit Suppengewürz abschmecken. Man kann auch vorgekochte Gelbe Rüben (würfelig geschnitten) oder Frankfurter Würstchen (feinblättrig geschnitten) dazugeben.

Bohnensuppe

FÜR 4 PORTIONEN:

60 g	*Bohnen*
60 g	*Gerste*
150 g	*Selchfleisch*
200 g	*Gemüse (Kartoffeln, Sellerie, Karotten, Lauch)*
	Salz, Pfeffer
	Muskatnuss
	Bohnenkraut
	Majoran
1	*Suppenwürfel*
	Petersilie
	Schnittlauch

SCHRITT 1: Die Bohnen am Vortag in 2 l Wasser einweichen. Mit der Gerste, dem Fleisch und den Gewürzen im Einweichwasser fast weich kochen. Das fein gewürfelte Gemüse dazugeben, nochmals abschmecken und fertig kochen.

TIPP:
Die Suppe wird ziemlich dick gehalten und ist mehr Hauptspeise als Suppe. Mit einem Stück Schwarzbrot oder einem frischen „Pärle" eine kräftiges, sättigendes Gericht, das besonders an kalten Tagen sehr geschätzt wird.

Krautsuppe

FÜR 4 PORTIONEN:

300 g	*Weißkraut*
1	*Zwiebel*
2	*Kartoffeln*
2	*Wienerle*
1 TL	*Zucker*
1 EL	*Mehl*
	Schweineschmalz
	Salz, Kümmel
1	*Knoblauchzehe*
1	*Scheibe Schwarzbrot*

SCHRITT 1: Die Zwiebel grob würfeln und in einem Topf mit Schmalz, Mehl und Zucker goldgelb anrösten. Das Kraut in Streifen schneiden und zugeben, gut durchrühren, würzen und mit wenig Wasser dünsten. Die Kartoffeln in kleine Würfel schneiden, zum Kraut geben und mit 700 ml Wasser aufgießen. Die Suppe leicht kochen lassen, bis die Kartoffeln weich sind, dann die in Scheiben geschnittenen Wienerle zugeben.

SCHRITT 2: Das Brot in Würfel schneiden, in einer Pfanne mit etwas Öl und Knoblauch knusprig anbraten. Die Suppe in Teller anrichten und mit Brotwürfeln bestreut servieren.

Kirschensuppe

FÜR 4 PORTIONEN:

500 g	*Kirschen*
	Zucker
	Zimt
250 ml	*Wasser*
1 l	*Rotwein*
150 g	*Zucker*
	Semmelbrösel

SCHRITT I: Die Kirschen entsteinen und mit Wasser, Zucker und Zimt weich kochen. Die Kerne in einem Mörser zerkleinern, mit Wein, 250 ml Wasser, Zucker und Bröseln 30 Minuten kochen. Die weichen Kirschen und die Suppe in eine Suppenschüssel geben. Die Sauce der zerkleinerten Kerne durch ein Sieb dazugießen.

TIPP:
Isst man die Kirschensuppe warm, wird ein Stückchen Butter mit den Kirschen mitgekocht. Als Kaltschale wird sie mit Biskuits serviert.

Hollersuppe

FÜR 4 PORTIONEN:

500 g	*Holunderbeeren*
500 ml	*Wasser*
125 ml	*Rotwein*
1	*Zimtstange*
	etwas Zucker
30 g	*Mehl*
250 ml	*Milch*
1	*Semmel*
	Schmalz

SCHRITT I: Die Beeren mit Wasser, Rotwein, Zimt und Zucker zugedeckt langsam weich kochen. Mehl und Milch glatt verrühren, zu den Holunderbeeren geben und nochmals 15 Minuten kochen lassen.

SCHRITT 2: Eine würfelig geschnittene Semmel in Schmalz gelb anrösten und zur Suppe geben. Nochmals aufkochen lassen. Abkühlen lassen und kalt servieren.

Käserahmsuppe aus dem Bregenzerwald

Erna Metzler

FÜR 4 PORTIONEN:

50	g	*Butter*
50	g	*fein geschnittene Zwiebel*
400	g	*Bergkäse, Emmentaler, Schnittkäse*
250	ml	*Hühnerfond*
250	ml	*Schlagobers*
125	ml	*trockener Weißwein*
		Salz, Pfeffer
		Kerbel
		Muskatnuss
1		*kleine gekochte Kartoffel*
		Schnittlauch

SCHRITT 1: Die Zwiebel in Butter glacieren. Den fein gehobelten Käse dazugeben, mit Hühnerfond, Weißwein und Obers aufgießen und die Gewürze beigeben.

SCHRITT 2: Alles zusammen mit der gekochten Kartoffel pürieren und nochmals in der Pfanne aufkochen lassen.

SCHRITT 3: Mit Weißbrotcroûtons und frischem Schnittlauch servieren.

Maronischaumsuppe mit Nüssen

Michael Schwarzenbacher

FÜR 4 PORTIONEN:

Suppe:

30 g	*Frühlingszwiebeln*
30 g	*Stangensellerie*
20 g	*Karotten*
30 g	*Pilze*
1	*Lorbeerblatt*
1	*Knoblauchzehe*
300 g	*geschälte Maroni*
2 EL	*Butter*
2 EL	*Madeira*
4 EL	*Prosecco*
2 EL	*Kalbsglace*
1 l	*Rindsuppe*
2–3	*Petersilienstengel*
1	*Thymianzweig*
	etwas Stangensellerie
	Salz, Pfeffer
80 g	*Schlagobers*

Einlage:

80 g	*geputzte Pilze (am besten Steinpilze)*
	Salz, Pfeffer
1 EL	*Walnussöl*
4	*geschälte Maroni*
20 g	*geschälte Walnüsse*
20 g	*eingelegte schwarze Nüsse*

SCHRITT 1: Die Frühlingszwiebeln, Stangensellerie und die geschälten Karotten in Scheiben schneiden und in Butter anschwitzen. Die Pilze, das Lorbeerblatt, die klein geschnittene Knoblauchzehe und die Maroni beigeben und 5 Minuten weiter dünsten lassen. Mit Madeira ablöschen und einreduzieren, Prosecco zufügen und nochmals einkochen lassen. Die Kalbsglace beigeben und wieder leicht köcheln lassen. Mit Rindsuppe auffüllen, Kräuter beigeben, salzen, pfeffern und 20 Minuten leicht köcheln lassen. Die Suppe im Mixbecher oder mit einem Pürierstabes mixen, durch ein feines Sieb passieren und abschmecken.

SCHRITT 2: Die Pilze in Walnussöl anbraten und mit Salz und Pfeffer würzen. Die Nüsse beigeben und kurz mitbraten.

SCHRITT 3: Die Pilze, Maroni und Nüsse in heißen Tellern anrichten. Das Schlagobers steif schlagen, in die heiße Suppe geben, alles mit dem Pürierstab schaumig mixen und schnell servieren.

Schinken-Käsesuppe

FÜR 4 PORTIONEN:

40 g	Butter
30 g	Mehl
250 ml	Rindsuppe
100 g	Bergkäse
50 g	Schinken
1/2	Lauchstange
1/2	Eidotter
125 ml	Schlagobers
	Petersilie
1	Semmel

SCHRITT 1: Das Mehl mit etwas Butter in einem Topf anrösten. Mit heißer Rindsuppe aufgießen, den geriebenen Bergkäse sowie klein geschnittenen Schinken und Lauch dazugeben. 10 Minuten köcheln lassen.

SCHRITT 2: Den Dotter mit Schlagobers verquirlen und in die Suppe geben. Achtung: Die Suppe darf danach nicht mehr aufkochen!

SCHRITT 3: Die Semmel in Würfel schneiden und in einer Pfanne mit etwas Öl knusprig braten. Die Suppe mit Croûtons und Petersilie garnieren.

Milchsuppe mit Riebele

FÜR 4 PORTIONEN:

Riebele:

200 g	Mehl
1	Ei
	etwas Wasser

Suppe:

2 l	Milch
	Salz
	Muskatnuss

SCHRITT 1: Gesiebtes Mehl mit Ei und etwas Wasser solange verrühren, bis sich kleine Bröckchen (= Riebele) gebildet haben.

SCHRITT 2: Milch mit Salz und etwas Muskatnuss langsam aufkochen, die Riebele untermengen und nochmals aufkochen lassen.

Montafoner Einbrennsuppe

Torsten Kappel

FÜR 4 PORTIONEN:

500	*ml*	*Rindssuppe*
1/3	*TL*	*ganzer Kümmel*
2		*Knoblauchzehen*
		Liebstöckel
1/2	*EL*	*Öl*
1	*EL*	*glattes Mehl*
1/2	*EL*	*gehackte Petersilie*
2		*Eier*
		Salz, Pfeffer

SCHRITT 1: Die Rindssuppe erwärmen, Kümmel, zerdrückten Knoblauch und Liebstöckel zugeben und alles etwa 15 Minuten kochen lassen.

SCHRITT 2: Das Mehl in einer Pfanne mit Öl anrösten lassen. Die gehackte Petersilie kurz mitrösten, die Suppe zugießen und mit einem Schneebesen verrühren. Kurz aufkochen lassen. Die Eier in einer Schüssel verrühren, in die Suppe gießen und schnell verrühren. Mit Salz und Pfeffer abschmecken.

SCHRITT 3: Dazu Schwarzbrot reichen.

Mostsuppe

FÜR 4 PORTIONEN:

1 EL	*Mehl*
1	*mittelgroße Zwiebel*
3 EL	*Selchspeck*
1	*Karotte*
1/2	*Stange Lauch*
1	*Selleriestange*
1	*Kartoffel*
250 ml	*Most*
	Salz, Pfeffer
	Muskatnuss
1	*Knoblauchzehe*
	etwas Butter oder Butterschmalz
	Schnittlauch
	geröstete Semmelwürfel

SCHRITT 1: Die fein gehackte Zwiebel zusammen mit dem Mehl in Butter goldgelb anrösten. Den Speck würfeln, den Knoblauch zugeben, kurz mitrösten und mit Most und 750 ml Wasser ablöschen.

SCHRITT 2: Das würfelig geschnittene Gemüse in die Suppe geben und langsam weich kochen lassen. Mit Salz und Pfeffer abschmecken. Vor dem Servieren mit gerösteten Brotwürfeln und reichlich Schnittlauch bestreuen.

Vorarlberger Käsesuppe mit Brandteignöckle

FÜR 4 PORTIONEN:

1 l	*Rindssuppe*
60 g	*Butter*
100 g	*Dinkelmehl*
50 g	*Weizenmehl*
40 g	*Emmentaler*
4	*Eier*
	Salz
	Frittierfett

SCHRITT 1: 250 ml Wasser mit der Butter aufkochen, das Mehl und den fein geriebenen Käse zugeben. Etwas salzen und abkühlen lassen. Die Eier verrühren und zugeben, einen glatten Teig herstellen.

SCHRITT 2: Fett erhitzen, mit 2 Teelöffeln kleine Nöckle formen und im Fett herausbacken.

SCHRITT 3: Die Suppe erhitzen, in Teller geben und jeweils 3 Nöckle hineingeben.

Walser Käsesuppe

FÜR 4 PORTIONEN:

2 Stk.	*Schmelzkäse*
125 ml	*Schlagobers*
1–2	*Eidotter*
1 l	*Fleischsuppe*
	Schnittlauch

SCHRITT 1: Den Schmelzkäse in Flöckchen schneiden und in die kochende Fleischsuppe geben. Ein paar Minuten ziehen lassen, dann mit dem Schneebesen kräftig durchschlagen. Dotter und Obers verrühren und die Suppe damit binden; dabei nicht mehr aufkochen lassen.

SCHRITT 2: Mit reichlich Schnittlauch bestreut anrichten.

Walser Gerstensuppe

Franz Riedler

FÜR 2 PORTIONEN:

30 g	*Karotten*
30 g	*Sellerie*
30 g	*Zwiebeln*
20 g	*Lauch*
30 g	*Bündnerfleisch*
20 g	*Speck*
30 g	*Rollgerste*
500 ml	*Rindsuppe*
1	*Lorbeerblatt*
1	*Gewürznelke*
	Worcestershiresauce
4 cl	*Schlagobers*
	Salz, Pfeffer

SCHRITT 1: Karotten, Sellerie, Zwiebeln, Lauch und das Bündnerfleisch in kleine Würfel schneiden.

SCHRITT 2: Klein würfelig geschnittenen Speck mit den Gemüsewürfeln und der Rollgerste in einem Topf anschwitzen lassen. Mit Rindsuppe aufgießen und mit Lorbeerblatt, Gewürznelke und Worcestershiresauce würzen, weich kochen.

SCHRITT 3: Kurz vor dem Servieren mit etwas Obers aufkochen lassen und mit Salz und Pfeffer abschmecken.

Riebel, Schmarren

Riebel

„As stoht scho idor Biebel, am beschta isch Kaffee und Riebel!“

Zu den ältesten Gerichten Vorarlbergs zählt nach dem Mus der Riebel.

Heute noch gerne gegessen am Morgen, genauso wie am Abend. Den größten Fauxpas begeht man, den Riebel ohne Kaffee zu servieren. In ein Kaffeehäfele wird er hineingestopft, bis wieder der Kaffee drüber schwimmt. Der knusprige Riebel wird musartig und wird dann als „Stopfer“ bezeichnet. Wie wahr, wie wahr – er stopft tatsächlich das knurrende Mäglein. Wird das Türkenmehl nur eingerührt und mit dem „Muser“ zerstochen, behält er eine eher feuchte Konsistenz, dann bekommt er den Namen „Pflutta“.

Im Oberland und weiter (also von Bludenz aufwärts!) heißt der Riebel „Brösel“ und der Name verrät schon, wie denn die Beschaffenheit sein sollte: bröselig, also fettarm.

Die Vorarlberger Nationalspeise ist zwar in aller Munde, aber nur noch spärlich auf unseren Speisekarten zu finden. Hat er der Wohlstandsgesellschaft zu sehr auf den Magen geschlagen? Der Riebel war dereinst die Hausmannskost der bäuerlichen Gesellschaft. Seine hervorragende Eigenschaft: Er war furig. Jeder war bald satt. Es war auch kein teures Essen. Das Maismehl, der „Türken“, wurde von den meisten Familien selbst angepflanzt – nicht nur von Bauern, auch von Arbeitern und Bürgerlichen. Der Anbau von Mais war vom Klima, der Landschaft, aber auch von der aktuellen Wirtschaftslage abhängig. Sobald die Menschen wirtschaftlich besser gestellt waren, importierten sie den Grundstoff zur Vorarlberger Nationalspeise.

Der Riebel gilt als Armenspeise, ein nur in Milch oder Wasser eingerührter und dann vorsichtig gerösteter und dabei „gestörter“ Maisgrieß, mit dem man viele Mäuler stopfen konnte. Von den einen als „König der kulinarischen Genüsse der Vorarlberger Küche“ gepriesen, ist dieses bescheidene Gericht so manch’ anderem viel zu trocken: „Dea Ribl isch so trucka, ma ka’n’an gär nitt schlucka“. Vielleicht muss man ihn gerade darum unbedingt mit Kaffee servieren.

Riebel – klassisch

FÜR 4 PORTIONEN:

4 Tassen	*weißer Maisgrieß (oder: Weizen- und Maisgrieß gemischt)*
ca. 1 l	*Milch, mit Wasser verdünnt*
	Salz
	Butterschmalz

SCHRITT 1: 1. Milchwasser mit Salz in einer Kasserolle zum Kochen bringen, den Maisgrieß darin einkochen. Einige Stunden auskühlen lassen.

SCHRITT 2: In einer großen Bratpfanne Butterschmalz nicht zu heiß werden lassen und den inzwischen festgewordenen Maisbrei unter oftmaligem Wenden und Zerstoßen ca. 1 Stunde rösten.

SCHRITT 3: Nach ca. 1 Stunde ist der Riebel schön locker. Dazu gibt es Kaffee. Mit oder ohne Zucker bestreut ist der Riebel ein ausgiebiges Frühstück oder Abendessen. Gern wird er zu Mittag auch mit Apfelmus gegessen.

Süßer Grießriebel

FÜR 4 PORTIONEN:

300 g	*Weizengrieß*
250 ml	*Milch*
20 g	*Butter*
2 EL	*Zucker*

SCHRITT 1: Die Milch in einem Topf aufkochen, Riebelgrieß einrühren und ca. 30 Minuten zugedeckt auskühlen lassen. Die Butter in der Pfanne schmelzen, den Grieß hineingeben und knusprig rösten, dabei ab und zu wenden.

SCHRITT 2: Mit Zucker bestreuen und mit Apfelmus oder Apfelkompott servieren.

Säer (Eingesäter Riebel)

FÜR 4 PORTIONEN:

150 g	*Butterschmalz*
600 g	*Weizengrieß*
1 l	*Milch*
750 ml	*Wasser*
	Salz

SCHRITT 1: Die Milch mit 750 ml Wasser vermischen, das Schmalz dazugeben und mit dem Grieß aufkochen lassen. Vom Herd ziehen und den Brei etwas quellen lassen.

SCHRITT 2: Die Pfanne wieder auf den Herd stellen und langsam weiterrösten. Fleißig wenden und zerstoßen. Diesen Riebel muss man unbedingt feinbröselig rösten!

INFO:
Von Aschermittwoch bis Ostern sind auch heute noch in besonders christlichen Familien die Fleischspeisen völlig gestrichen. An ihrer Stelle werden Türkenriebel, Schwozermus, Sigknöpfle, Schälmle, Ofakatz usw. gegessen. „An Brösel und an Koch, a Mealsoppa (Mehlsuppe), Kaffee und kochti Ärdöpfel söll jeds Mannsbild kocha künna", heißt es im Montafoner Heimatbuch.

Brennter Riebel

FÜR 4 PORTIONEN:

750 ml	*Milch*
400 g	*Maisgrieß*
500 ml	*Wasser*
100 g	*Butterschmalz*
	Salz

SCHRITT 1: In heißem Butterschmalz Maisgrieß leicht anrösten, ohne Farbe nehmen zu lassen, mit Milchwasser aufgießen, so dass der Maisgrieß gerade bedeckt ist. Sofort den Deckel daraufgeben und auf kleinste Flamme zurückschalten. Unter oftmaligem Wenden und Zerkleinern fertig braten. Dabei immer wieder etwas Milchwasser zugießen. Nach ca. 60 Minuten ist der Riebel schön locker.

SCHRITT 2: Viele zuckern sich den Riebel am Tisch noch ordentlich nach!

Riebel mit Heardöpfel Underanand

FÜR 4 PORTIONEN:

750 ml	*Milch*
400 g	*Maisgrieß*
500 ml	*Wasser*
100 g	*Butterschmalz*
	Salz
300 g	*Kartoffeln*

SCHRITT 1: Die Kartoffeln in Salzwasser kochen, abkühlen lassen und blättrig schneiden. Den Riebel lt. Rezept Seite 52 zubereiten, wenn man den Riebelbrei zum Rösten in die Pfanne gibt, die Kartoffelscheiben zugeben.

TIPP:
Wird gerne zu Mittag mit Apfelmus gegessen.

Erdäpfelbrösel

FÜR 4 PORTIONEN:

1 kg	*mehlige Kartoffeln*
50 g	*Mehl*
	Salz
120 g	*Butterschmalz*
200 ml	*Milch*

SCHRITT 1: Die Kartoffeln kochen, schälen und mit einem Reibeisen raffeln. Mit etwas Milch und dem Mehl vermischen und salzen, anschließend in heißem Schmalz anrösten.

Kriaseriebel

FÜR 4 PORTIONEN:

750 ml *Milch*
400 g *Maisgrieß*
500 ml *Wasser*
100 g *Butterschmalz*
Salz
200 g *Kirschen*

SCHRITT I: Einen gebrannten Riebel (siehe Rezept Seite 54) herstellen. Nach der Hälfte der Bratzeit entsteinte und entstielte Kirschen dazugeben und weiterrösten. Mit Zucker bestreuen und Kaffee dazu servieren.

Marillenriebel

FÜR 4 PORTIONEN:

750 ml *Milch*
400 g *Maisgrieß*
500 ml *Wasser*
100 g *Butterschmalz*
Salz
300 g *Marillen*

SCHRITT I: Die Zubereitung erfolgt wie beim Kriaseriebel. Hier werden allerdings entsteinte, in Viertel geschnittene Marillen anstelle der Kirschen verwendet.

Kriasibrösel

FÜR 4 PORTIONEN:

750 ml	*Milch*
2 EL	*Butter*
	Salz
300 g	*Grieß*
3/4 kg	*Kirschen*
	Butterschmalz
	Zucker zum Bestreuen

SCHRITT 1: Milch mit Butter und einer Prise Salz langsam erhitzen und den Grieß einrühren. Unter ständigem Rühren so lange kochen lassen, bis sich der Brei von der Pfanne löst. Leicht abkühlen und quellen lassen.

SCHRITT 2: Kirschen waschen und entkernen. Den Grießbrei in heißem Butterschmalz hell anrösten, dabei öfters umrühren, die Kirschen dazugeben und weiterrösten.

SCHRITT 3: Vor dem Servieren mit Zucker bestreuen.

Stopfer mit Heidelbeerkompott

FÜR 4 PORTIONEN:

1 l	*Milch*
2 TL	*Salz*
3 EL	*Schlagobers*
300 g	*Weizen- oder Dinkelgrieß*
2 EL	*Maisgrieß*
2 EL	*Buchweizenschrot*
120 g	*Butter*

Kompott:

	kräftiger Rotwein
100 ml	*Wasser*
1	*Zimtstange*
150 g	*Zucker*
3/4 kg	*Heidelbeeren*

SCHRITT 1: Für den Stopfer Milch, Salz, Obers und die Hälfte der Butter aufkochen. Grieß und nach Wunsch Buchweizenschrot einrühren und zugedeckt ca. 2 Stunden quellen lassen. Anschließend die Masse zerstoßen und unter ständigem Auflockern in der restlichen Butter anrösten.

SCHRITT 2: Für das Kompott einen Schuss Rotwein mit Wasser, Zimtstange und Zucker aufkochen und kurz ziehen lassen. Heidelbeeren dazugeben und nur kurz erhitzen, bis sie Wasser gezogen haben. Vom Herd nehmen, Zimtstange entfernen und abkühlen lassen.

SCHRITT 3: Stopfer mit dem Heidelbeerkompott servieren.

Schmarren

Als Schmarren oder Schmarrn (seit dem 16. Jahrhundert oberdeutsch für „Schmer“, „schmieren“) wird meist eine süße Mehlspeise der österreichischen Küche aus auseinandergerissener Omelette bezeichnet. Grießschmarren und Kaiserschmarren sind wohl die bekanntesten Rezepte.

Im übertragenen Sinn wird das Wort bei uns für etwas verwendet, das gut aussehen soll, jedoch wenig wert ist (zunächst auf Gemälde u. Ä. bezogen). Heute stellt „Schmarren“ in der übertragenen Bedeutung allgemein einen Ausdruck der Geringschätzung im Sinne von „Unsinn“ dar. Und das kam so: Einem Hofkoch Kaiser Franz Josephs misslangen die für den Kaiser vorgesehene Palatschinken. Um das Unglück zu verschleiern, machte er das Beste aus der Situation, fügte dem zerrissenen Pfannkuchen Rosinen und Kirschen hinzu, bestreute das Ganze mit Puderzucker und servierte Franz Joseph diese Mahlzeit als neue Kreation. Dieser „verzapfte Schmarren“ (österreichisch für erzählten Unsinn) verdiente sich somit den Namen „Kaiserschmarren“.

Doch der Begriff „Schmarren“ hat sich in Vorarlberg nicht eingebürgert – er wurde nur in Stadthaushalten übernommen. Schmarren heißt in Vorarlberg die „Kratzete“, der „Tosche“, die „Pflutter“, das „Pflütterle“, „Stopfer“ oder „Säer“. Durch die Zugabe von Beeren, Kirschen („Kriase“) usw. heißt das Gericht dementsprechend „Kriasekratzete“. Der „Koch“ heißt es im Montafon und in den Walsertälern. Dafür verwendet man allerdings nur Weizen- oder Roggenmehl und unterscheidet demnach einen „roggenen“ und einen „weizenen Koch“. Von einem prahlerischen Menschen sagt man noch heute, „seine Rede hört sich an wie ein roggener Koch“, weiß der Autor Franz Maier-Bruck in seinem Buch „Vom Essen auf dem Lande“ (1999) zu berichten.

Krazate

FÜR 4 PORTIONEN:

8 EL	*Mehl*
250 ml	*Milch*
5	*Eier*
	Salz
	Schmalz

SCHRITT 1: Das Mehl in die Milch einrühren und die Eier darunter schlagen. Die Hälfte dieses dünnen Teigs in eine Pfanne mit heißem Schmalz gießen, und auf beiden Seiten goldgelb backen und in kleinere und größere Stücke zerreißen (zerkratzen). Auf kleinem Feuer gut ausbacken, warm stellen und mit der zweiten Hälfte gleich verfahren.

SCHRITT 2: Zum Schluss mit Zucker bestreuen und mit Kompott servieren.

Eiertosche

FÜR 4 PORTIONEN:

250 ml	*Milch*
8	*Eidotter*
8 EL	*Mehl*
	Salz
8	*Eiklar*
	Rosinen

SCHRITT 1: Mehl mit der Milch glatt verrühren, Dotter dazugeben und salzen. Etwas stehen lassen und inzwischen die Eiklar zu Schnee schlagen. Vorsichtig unter den Teig heben und wie Krazate backen. Nach Wunsch Rosinen in den Teig geben.

Brocket

FÜR 4 PORTIONEN:

8	*Schildbrote*
750 ml	*Milch*
2	*Eier*
100 g	*Butterschmalz*
	Salz

SCHRITT 1: Die Schildbrote in kleine Stücke schneiden, salzen, mit 750 ml Milch und zwei verrührten Eiern übergießen und 15 Minuten stehen lassen. Anschließend das Ganze in einer Pfanne mit heißem Schmalz goldgelb anrösten.

Bierakrazat

FÜR 4 PORTIONEN:

3	*Birnen*
50 g	*Rosinen*
250 ml	*Milch*
8	*Eier*
8 EL	*Mehl*
	Salz
	Butter

SCHRITT 1: Die Birnen halbieren, entkernen und in grobe Würfel schneiden. In Butter kurz dünsten und die Rosinen dazugeben.

SCHRITT 2: Aus Milch, Dottern, etwas Salz und Mehl einen Teig bereiten. Die Eiklar zu Schnee schlagen und vorsichtig unterheben. Den Teig zu den Birnen geben. Anbacken, wenden und sobald die zweite Seite Farbe hat, zerkratzen und etwas andünsten lassen.

SCHRITT 3: Anrichten und mit Staubzucker bestreuen.

Kriasekrazat

FÜR 4 PORTIONEN:

250 g	*Kirschen*
50 g	*Rosinen*
250 ml	*Milch*
8	*Eier*
8 EL	*Mehl*
	Salz

SCHRITT 1: Zubereitung wie Bierakrazat, doch anstelle der Birnen nimmt man reife und entsteinte Kirschen.

Käse

Alles Käse?

… wahrlich nicht.

Erfolgsmeldungen beweisen, dass die Vorarlberger Käsesorten den Geschmack der internationalen Genießer treffen.

So landete der Vorarlberger Käse bei der „13. Internationalen Almkäseolympiade" im Tiroler Paznauntal am 29. September 2007 erneut im Spitzenfeld. 96 ehrgeizige Almsennereien aus Österreich, Südtirol und der Schweiz traten mit ihren allerbesten Käseprodukten zum fairen Wettstreit an. Insgesamt wurden rund 160 Käse bewertet. Die eingereichten Käsesorten mussten in den teilnehmenden Almbetrieben produziert worden sein.

Bewertet wurden Aussehen, Konsistenz und Geschmack der eingereichten Prachtexemplare. Die besten und schönsten Käse in den Produktkategorien Hart-, Schnitt- und Oberinntaler Almkäse sowie Spezialitäten wie Grau- und Sauermilchkäse wurden mit der Galtürer Sennerharfe in Gold, Silber und Bronze prämiert.

Um es vorwegzunehmen: Die Vorarlberger Alpbetriebe sind spitze. Bei den Spezialitäten Sauerkäse erreichte die Alpe „Wasserstube" eine Silbermedaille und in der Kategorie Schnittkäse errangen die Alpe „Gafluna" und die Alpe „Rona" ebenfalls Silber. Bei Bergkäse aus der heurigen Produktion stellte Vorarlberg nicht weniger als 4 Käse-Olympiasieger: Alpe „Hintere Bödmen", Alpe „Vordere Unterspitz", Alpe „Schöner Mann" und die Alpe „Steris". Dazu gab's noch einmal Silber für die Alpe „Lingenauere" und Bronze für die Alpe „Unterdiedams". Bei den Alpkäsen aus der Alpperiode 2006 konnten die Alpen „Schöner Mann" und „Unterdiedams" jeweils eine Silbermedaille verbuchen.

Und zu guter Letzt wurde als Tagessieger der 13. Almkäseolympiade die Alpe „Hintere Bödmen", Fontanella mit dem Senner Ewald Feuerstein aus Bizau prämiert. Gänzlich unvorbereitet traf der Medaillenregen die Senner zwischen Bodensee und Arlberg nicht. Schon beim World Cheese Award, der zwischen 18. und 21. März 2007 in London abgehalten wurde, ging ein Award in Gold, drei in Silber und acht in Bronze an Österreich. Vorarlberg erhielt mit insgesamt fünf Mal Bronze die meisten Auszeichnungen. Die Alma Vorarlberger Käsefabrikation punktete mit dem „Gruyère Bergkäse", dem „Langenegger Dorfkäse" und dem „Alma Rahm Gold". Die Vorarlberg Milch erhielt eine Bronze-Auszeichnung für den „Ländle Weinkäse" und die Sennerei Andelsbuch eine für ihren „Vorarlberger Bergkäse".

Österreichische Erfolge haben bereits Tradition.

Dabei ist der World Cheese Awards nicht irgendeine Veranstaltung: Das jährlich in England abgehaltene Event ist der weltgrößte, internationale reine Käsewettbewerb. Dabei werden in zahlreichen Kategorien einige der aus aller Welt vorgestellten Käsesorten prämiert. Der Award fand 2007 in London im Rahmen der IFE (International Food and Drink Event), einer der weltweit größten Lebensmittelmessen, statt. Eingereicht wurden insgesamt 2000 Käse, davon 49 aus Österreich, die von über 2000 gestrengen Fachjuroren beurteilt wurden. Käse entwickelt sich zunehmend zu einem heimischen Vorzeigeprodukt, mit dem unser Land immer öfter auch international punktet. Die Exportzahlen sprechen eine sehr deutliche Sprache. Österreichischer Käse ist beliebt wie nie zuvor. Ständige Innovationsbereitschaft unserer Produzenten und höchste Qualität sind der Schlüssel zum Erfolg, der uns immer wieder zu Gold, Silber und Bronze verhilft.

„Österreichische Erfolge auf diesem Gebiet haben mittlerweile schon Tradition", resümiert Dr. Stephan Mikinovic, Geschäftsführer der AMA Marketing, anerkennend.

Ein nachvollziehbarer Erfolg. Schließlich machen die kleinen und großen Genüsse das Leben erst so richtig schön. Und zu diesen gehört gutes Essen und Trinken. Ein wahrer Luxus von heute sind kulinarische Produkte, die in sorgsamer Handarbeit in Klein- und Kleinstmanufakturen gefertigt werden. Und hier liegt ein Grund für die Erfolgsstory Käse aus und in Vorarlberg: Handelt es sich doch um eine Region, die sich in vielen Aspekten der Qualität verpflichtet fühlt. Grundlage dafür, dass das wohl bekannteste kulinarische Produkt aus Vorarlberg Käse ist bzw. alles, was mit Milch zu tun hat. So stellt denn die Milchwirtschaft auch die wichtigste Einnahmequelle der Vorarlberger Bauern dar. Rund 145 Millionen Kilogramm hochwertige Milch werden hierzulande von insgesamt 26.000 Milchkühen erzeugt. Der größte Teil davon wird in den 32 Sennereien und Molkereien sowie in den 140 Alpsennereien zu unterschiedlichsten Milchprodukten veredelt: von der Frischmilch über Butter bis hin zu Käse – über 100 verschiedene, hochwertige Milchprodukte!

Als Star unter den Käsen gilt der Vorarlberger Bergkäse.

Ein ursprunggeschützer Hartkäse, der nach alter Tradition veredelt, gereift und gelagert bzw. in unterschiedlichen Reifungsgraden angeboten wird. Ist er jung, so um die 6 Monate alt, schmeckt er mild und hat eine relativ feine Konsistenz. Mit zunehmendem Alter – erhältlich sind zumeist 1- bis maximal 2-jährige Käse – wird sein Geschmack kräftiger, seine Konsistenz dem Parmesan ähnlich. Je würziger der verwendete Bergkäse, umso herzhafter schmeckt auch die typische Vorarlberger Leibspeise Kässpätzle (oder Käsknöpfle).

Früher war der Käse im Bregenzerwald ein Hauptnahrungsmittel. Heute ist er eher ein wichtiger Exportfaktor – und Importfaktor, kommen doch inzwischen immer mehr Besucher auch wegen des Käses in den Bregenzerwald. Und auch was die Förderung der Käsekultur betrifft, ist zuallererst der Bregenzerwald zu nennen. Viele Aktionen und Initiativen stellen den heimisch produzierten Käse ins Rampenlicht. So etwa die Vorarlberger Käsestraße, ein Zusammenschluss von Bregenzerwälder Bauern, Wirten, Handwerkern und Handelsbetrieben, wo von Kuh, Schaf bzw. Ziege bis zum Teller alles rund um den Käse einsichtig gemacht wird. Dabei kommen auch traditionelle Herstellungsverfahren nicht zu kurz.

Qualitativer hochwertiger Käse wird auch in zahlreichen anderen Regionen Vorarlbergs produziert. So gilt der beliebte Montafoner Sauerkäse als traditionelle Spezialität. Bereits seit dem 12. Jahrhundert wird der „Sure Kees" hier erzeugt.

Auch das Große Walsertal ist für einen besonderen Bergkäse bekannt: den Walserstolz. Seine Reifungszeit beträgt mindestens acht Monate. Die Bauern des pittoresken und durch steile Berghänge gezeichneten Tales haben sich zusammengeschlossen, um ihr bedeutendstes Käse-Produkt gemeinsam herzustellen bzw. zu vermarkten. Walserstolz.

Last, but no least: Inzwischen nicht mehr nur wahren Connaisseuren ist der Schnifner und der Schlinser Bergkäse ein Begriff.

Summa summarum: Vorarlbergs Käsepalette reicht vom traditionellen Bergkäse über würzigen Alpkäse bis hin zu charaktervollem Emmentaler und feinem Weichkäse. Nicht nur deswegen heißt es: Ländle Käse ist in aller Munde.

Mit ziemlicher Sicherheit auch dann, wenn es wieder heißt: „The winner is...!"

Bergkäsesalat

FÜR 4 PORTIONEN:

150 g	*Schinken*
300 g	*Bergkäse*
4	*Essiggurken*
1	*Zwiebel*
150 g	*Lauch*
2 EL	*Joghurt*
	Essig, Öl
	Senf
	Salz, Pfeffer
	Dille
	Petersilie

SCHRITT 1: Schinken, Käse, Karotten, Lauch und Essiggurken fein schneiden. Die Zwiebel in dünne Streifen schneiden.

SCHRITT 2: Aus den restlichen Zutaten eine Marinade bereiten, mit Salz und Pfeffer abschmecken und über den Salat gießen. Mit Schwarzbrot servieren.

TIPP:
Wer es ganz schlicht mag, kann nur Käse und Zwiebel verwenden.

Käsfladen

FÜR 4 PORTIONEN:

- *300 g* *Mehl*
- *15 g* *Hefe*
- *Salz*
- *Wasser*
- *300 g* *Käse (mehrere Sorten mischen: Räßkäse, Rheintaler, Emmentaler)*
- *2* *Eier*
- *etwas Milch*
- *2 große* *Zwiebeln*
- *Pfeffer*

SCHRITT 1: Aus Mehl, Hefe, Salz und Wasser einen Brotteig kneten. Zudecken und etwas gehen lassen.

SCHRITT 2: Inzwischen für die Fülle die Zwiebeln fein schneiden und den Käse hobeln. Mit den Eier, den Gewürzen und ein wenig Milch gut vermischen.

SCHRITT 3: Den Teig ca. 1 cm hoch auswalken und auf ein Kuchenblech legen, den Rand hochdrücken. Mit der Zwiebel-Käsefülle bestreichen und bei ansteigender Hitze goldbraun backen.

SCHRITT 4: Noch heiß servieren. Dazu trinkt man einen guten Most oder Kaffee.

Panierter Käs

FÜR 4 PORTIONEN:

- *4* *Scheiben Emmentaler*
- *1* *Ei*
- *Brösel*
- *Butterschmalz*
- *Zitrone*
- *weißer Pfeffer*
- *Öl*
- *Mehl*

SCHRITT 1: Die Käsescheiben mit Öl und weißem Pfeffer einreiben.

SCHRITT 2: In Mehl, aufgeschlagenem Ei und den Bröseln wenden. Im gut erhitzten Fett beidseitig goldbraun backen. Mit Zitronenspalten servieren.

Käsgrumpera

FÜR 4 PORTIONEN:

1/2 kg	*Kartoffeln (= Grumpera)*
	Salz
	Pfeffer
	Kümmel
	Butter für die Form
150 g	*Bergkäse*
150 g	*nicht zu fetter Speck*
2 EL	*gehackte Petersilie*

SCHRITT 1: Kartoffeln waschen und ungeschält in eine feuerfeste Form schlichten. Mit Salz, Pfeffer und etwas Kümmel bestreuen und im vorgeheizten Backrohr je nach Größe ca. eine 1/2 Stunde weich garen. Aus dem Rohr nehmen, kurz abkühlen lassen und in Scheiben schneiden.

SCHRITT 2: Eine feuerfeste Form mit Butter ausstreichen, die Kartoffelscheiben einlegen, mit geraffeltem Bergkäse bedecken und nochmals bei großer Oberhitze so lange im Rohr lassen, bis der Käse geschmolzen ist.

SCHRITT 3: Inzwischen den Speck kleinwürfelig schneiden, in heißem Butterschmalz auslassen und anschließend mit gehackter Petersilie vermengen. Die Kartoffeln aus dem Rohr nehmen, die Speckwürfel darüber verteilen und rasch servieren. Dazu passt frischer Blatt- oder Gurkensalat.

Käshörnle

FÜR 4 PORTIONEN:

400 g	*Hörnchen*
150 g	*Bergkäse*
1	*Zwiebel*
	Schnittlauch
	Butter
	Salz

SCHRITT 1: Die Nudeln in Salzwasser bissfest kochen. In der Zwischenzeit die Zwiebeln in Ringe schneiden, mit Butter in einer Pfanne knusprig braten. Die gekochten Nudeln in eine Schüssel in Lagen abwechselnd mit dem geriebenen Käse schichten, etwas Nudelkochwasser darüber gießen.

SCHRITT 2: Mit Zwiebelringen und Schnittlauch bestreut servieren.

Käspfluta

FÜR 4 PORTIONEN:

750 ml *mit Wasser vermischte Milch (Verhältnis 1:1)*
100 g *Butter*
200 g *Maisgrieß*
100 g *geriebener Emmentaler oder Rheintaler Käse*
Salz

SCHRITT 1: Gewässerte Milch salzen und aufkochen. Butter und Maisgrieß einrühren und unter ständigem Rühren kurz aufkochen lassen. Zudecken und auf kleiner Flamme - oder auf der auskühlenden Herdplatte - 1/2 Stunde ausdünsten lassen.

SCHRITT 2: Käse darüber streuen, mit heißer Butter übergießen und servieren.

Käsknödel

FÜR 4 PORTIONEN:

1/2 kg *Knödelbrot*
200 ml *Milch*
3 EL *Crème fraîche*
2 *Eier*
Salz, Pfeffer
2–3 *mehlige Kartoffeln*
50 g *Mehl*
100 g *milder Schnittkäse (z. B. Tilsiter)*
100 g *Rauchschinken oder gekochtes Geselchtes*
Butterschmalz
2 EL *frische Petersilie*

SCHRITT 1: Das Knödelbrot mit Milch, Crème fraîche, Eiern und Gewürzen vermengen und kurz ziehen lassen. Kartoffeln kochen, schälen und noch warm passieren; mit dem Mehl unter das Knödelbrot mengen. Kleinwürfelig geschnittenen Käse und Schinken dazugeben und nochmals mit Salz und Pfeffer abschmecken. Aus der Masse mit feuchten Händen Knödel formen. In leicht wallendem Salzwasser ca. 10 bis 15 Minuten kochen lassen, bis die Knödel an die Oberfläche steigen. Anschließend herausheben, abtropfen lassen und in einer Pfanne in Butterschmalz schwenken.

SCHRITT 2: Mit frischer Petersilie bestreuen. Als Beilage passt ein frischer Blattsalat mit gerösteten Speckstreifen.

TIPP:
Geröstet schmecken die Knödel ebenfalls hervorragend.

Käseschnitten

FÜR 4 PORTIONEN:

4	*altbackene Semmeln*
1 Bd.	*Petersilie*
1	*Zwiebel*
1	*Ei*
150 g	*fein geriebener Bergkäse*
	Knoblauch
	Salz
	Pfeffer
	Brösel

SCHRITT 1: Petersilie und Zwiebel fein hacken und mit dem Ei, fein geriebenem Bergkäse, Knoblauch, Salz und Pfeffer vermischen. Wenn nötig, etwas Brösel dazugeben. Die Masse auf die altbackenen Semmelscheiben streichen und in viel Fett backen. (Kalorienbewusste können sie auch im Backrohr zubereiten).

SCHRITT 2: Die Schnitten können als Suppeneinlage oder auch als Vorspeise mit Salat serviert werden.

Käsfondue

FÜR 4 PORTIONEN:

200 g	*Bergkäse*
200 g	*Greyerzer*
200 g	*Emmentaler*
2 EL	*Maisstärke*
2 EL	*Weißwein*
	Saft von einer Zitrone
1	*Knoblauchzehe*
2 EL	*Schnaps*
	Pfeffer
	Seelen

SCHRITT 1: Die verschiedenen Käse fein reiben und mit Maisstärke vermengen. Wein, Zitronensaft, gepressten Knoblauch zugeben. Bei starker Hitze unter Rühren in einer Gußeisenpfanne aufkochen, mit Pfeffer und Schnaps abschmecken.

SCHRITT 2: Noch kurz weiterkochen lassen, in ein Fonduegeschirr geben und weiterköcheln lassen. Das Brot (Seelen) in Streifen schneiden und in den Käse tunken.

TIPP:

Dazu passt als Beilage ein Kartoffelsalat oder grüner Salat.

Kässpätzle

Wer noch geglaubt hat, dass das Wissen um Kässpätzle ein Merkmal der hiesigen Bevölkerung darstellt, wird allein durch einen Blick ins World Wide Web eines Besseren belehrt. So vermerkt etwa „Wikipedia“:

„Spätzle“ (schwäbische Verkleinerungsform von Spatz [möglicherweise „Sperling“ meinend oder „Batzen, Klumpen“], als Wasserspatzen im 18. Jahrhundert belegt), auch Spätzli oder Spatzen genannt, sind schwäbische bzw. alemannische Teigwaren, die als Beilage oder mit weiteren Zutaten als eigenes Gericht serviert werden. In Baden, Bayern, Tirol und Vorarlberg werden sie häufig auch Knöpfle genannt. Im Schwäbischen verwendet man meist die Pluralform Spätzlâ bzw. Spatzâ.

Je nach Form wird zwischen langen Spätzle (die Länge übersteigt den Durchmesser um mehr als das Vierfache) und Knöpfle (das Verhältnis von Länge zu Durchmesser liegt unter zwei) unterschieden. Missratene, großklumpige Spätzle werden auch Raben, Störchen, Rappen, Nachtigallen oder Adler genannt“.

Vielleicht tröstlich für all jene, die darin Verrat erblicken. Wikipedia erhebt zur Gewissheit, was unklar ist: Die Herkunft bzw. der sprachliche Ursprung der „Spätzle“ ist umstritten und wurde bis heute nicht eindeutig geklärt. Eine erste urkundliche Erwähnung findet sich zwar im Jahre 1725, doch dürfte die Geschichte der „Teigware“ weit älter sein. Tatsächlich werden „Spätzle“ zum Fundament ursprünglicher schwäbischer Küche gerechnet. Eine Jahrhunderte alte Tradition des „Nationalgerichtes“ belegen mittelalterliche Darstellungen, auf denen Schwaben mit „Spätzlebrett“ zu sehen sind.

Zum sprachlichen Ursprung der „Spätzle“ gibt es also verschiedene Theorien. So vermutet man beispielsweise den Namensursprung im italienischen Wort „spezzato“, was so viel wie „gestückelt“ bedeutet. Oder, dass der Herstellungsvorgang Namen gebend war: Von einem Stück Teig, der wie „ein Spatz in der Hand“ gehalten wurde, wurden kleine Teigstücke abgestochen und ins kochende Wasser gegeben und somit „kleine Spatzen“ geformt, was später zur Verniedlichung zu „Spätzle“ wurde.

Kässpätzle oder Käsknöpfle – wichtig ist die Käsemischung. Doch auch da scheiden sich die Geister: Ältere Texte wie Franz Michael Willam über die Alpküche oder das Dornbirner Kochbuch von Anna Wehinger geben keine präzise Auskunft. Willam schreibt einfach nur „Käse“, Wehinger formuliert, man „benütze am vorteilhaftesten alten räßen Alpkäse oder alten sauren Käse“. Ulrike Hornberg hat Käsknöpfle in ihr Buch „Österreichs Küche. Die klassischen Rezepte“ (Brandstätter) aufgenommen und empfiehlt „Bergkäse, gerieben“.

Eine Broschüre „Traditionelle Küche. Kochen in Vorarlberg“, herausgegeben vom Vorarlberger Tourismusverband, nennt die Käsespätzle die „Vorarlberger Nationalspeise“ und dekretiert: „Mischung mehrerer Sorten, je nach Geschmack; Emmentaler sollte nicht fehlen“. Der Wirt der „Rose“ im Hatlerdorf empfahl 1993 in einem Käsebuch: „20/25 dag Käsemischung aus 3 bis 4 Sorten geriebenem Käse: 1/3 Emmentaler mild, 1/3 Bregenzerwälder Bergkäse würzig, 1/3 Räßkäse vollfett, eventuell (als Oberländer Spezialität) auch Surer Käs. Variieren Sie das Mischungsverhältnis, bis Sie die Ihrem Geschmack am besten entsprechende Mischung gefunden haben.“

Serviert werden die Kässpätzle mit Feldsalat bzw. Kopfsalat oder mit Kartoffelsalat und – in Vorarlberg häufig – auch mit Apfelmus!

Kässpätzle

FÜR 4 PORTIONEN:

500–600	*g*	*Mehl*
4		*Eier*
		etwas Wasser
		Salz
200	*g*	*Bergkäse, gerieben*
200	*g*	*Magerkäse, gerieben*
150	*g*	*Butter*
		Zwiebeln

SCHRITT 1: Mehl, Eier und Salz mit Wasser rasch zu einem glatten Teig schlagen und durch ein großgelochtes Sieb in kochendes Salzwasser drücken. Sobald die Spätzle an der Wasseroberfläche schwimmen, abseihen.

SCHRITT 2: Anschließend in eine Pfanne geben und lagenweise mit dem geriebenen Käse bestreuen.

SCHRITT 3: Die feinnudelig geschnittenen Zwiebeln in heißer Butter rösten und über die Spätzle geben. Für einige Minuten in ein vorgeheiztes Rohr geben.

Wälder Käsknöpfle

FÜR 4 PORTIONEN:

500 g	*Mehl (Type 700)*
4	*Eier*
125 ml	*Milch*
4	*Zwiebeln*
130 g	*Butter*
	Salz, Pfeffer
250 g	*geriebener Käse: je ein Drittel Bregenzerwälder Emmentaler (mild), Bergkäse und Räßkäse (vollfett)*

SCHRITT 1: Mehl, Eier, Salz und etwas Milch mit dem Kochlöffel nur solange rühren, bis sich der Teig bindet, aber noch Spuren von Eidotter und Mehl sichtbar sind.

SCHRITT 2: In einem großem Topf Salzwasser zum Kochen bringen. Den Knöpfleteig portionsweise durch den Knöpflehobel in das kochende Wasser drücken, aufkochen lassen und mit einer Siebkelle herausschöpfen. Wenn möglich in einer kleinen Holzgebse (= Holzgefäß, ähnlich einem kleinen flachen Bottich) die erste Lage einfüllen, dann den geriebenen Käse darüber geben. Den Vorgang wiederholen, den Abschluss sollte eine Lage Knöpfle bilden. (Ein Tipp für Anhänger saftiger Knöpfle: 1 Esslöffel Kochwasser über die Knöpfle gießen!)

SCHRITT 3: Abschließend leicht gebräunte, heiße Butter und goldbraun geröstete Zwiebelringe auf die Knöpfle geben und mit Pfeffer aus der Mühle nachwürzen.

TIPP:
Als Beilage passen Kartoffelsalat und Apfelmus. Ein Glas guter Most und ein „Verrupferli" (echter Obstler) gehören einfach dazu.

Schupfnüdele mit Käse

FÜR 4 PORTIONEN:

1/2	*kg*	*mehlige Kartoffeln*
170	*g*	*Mehl*
		Salz
1		*Ei*
1	*EL*	*Butter*
3	*EL*	*Butterschmalz*
100	*g*	*Geselchtes*
150	*g*	*geriebener Bergkäse*
1	*EL*	*gehackter Schnittlauch*

SCHRITT 1: Für die Schupfnüdele mehlige Kartoffeln weich kochen, noch heiß schälen und passieren. Mehl, Ei, eine Prise Salz und nicht zu kalte Butter untermengen und zu einem festen Teig kneten. Den Teig zu einer Rolle formen; kleine Stückchen davon abschneiden und zu fingerlangen „Nüdele" drehen.

SCHRITT 2: Salzwasser zum Kochen bringen und Nüdele einlegen. Sobald sie an die Oberfläche steigen, abschöpfen und mit kaltem Wasser abschrecken.

SCHRITT 4: Butterschmalz in einer Pfanne erhitzen, die Schupfnüdele darin abschmalzen. Geselchtes würfelig schneiden und kurz mitrösten. Den geriebenen Käse darüber streuen und noch so lange braten, bis der Käse schmilzt. Mit frisch gehacktem Schnittlauch bestreuen und in der Pfanne servieren.

Terrine vom Backsteinkäse

Erna Metzler

FÜR 2 PORTIONEN:

75 g	*Backsteinkäse (Romadour)*
60 ml	*Wasser*
60 ml	*Schlagobers*
3	*Blatt Gelatine*
100 ml	*Schlagobers, geschlagen*
150 g	*Schwarzbrot, entrindet*
	Kerbel
	Salz, Pfeffer
	Blattsalate

SCHRITT 1: Backsteinkäse mit Wasser und Obers pürieren.

SCHRITT 2: Gelatineblätter in kaltem Wasser einweichen, ausdrücken und mit einem Löffel Wasser bei mittlerer Hitze auflösen und unter die Käsemasse rühren.

SCHRITT 3: Mit Kerbel, Salz und Pfeffer abschmecken. Geschlagenes Obers unterziehen.

SCHRITT 4: Eine Kastenform mit Klarsichtfolie auslegen. Das entrindete Schwarzbrot in 2 mm dünne Scheiben schneiden, die Form damit auslegen, die Käsemasse einfüllen und mit Schwarzbrot abdecken, Folie darüber schlagen und ca. 8 Stunden kühl stellen.

SCHRITT 5: Aus der Form stürzen, in 2 cm dicke Scheiben schneiden und mit Blattsalaten anrichten.

TIPP:
Sehr gut passt dazu Lammschinken.

Tiramisu vom Schafskäse

Erna Metzler

FÜR 2 PORTIONEN:

50 g	*Staubzucker*
60 g	*Schafskäse*
2 EL	*Schlagobers*
50 g	*Mascarino*
	Saft und Schale von 1 Zitrone
2	*Blatt Gelatine*
50 g	*Schlagobers*
	Biskotten
	Nusslikör

SCHRITT 1: Schafskäse mit 2 EL Obers pürieren. Mascarino, Staubzucker, Zitronensaft und -schale unterrühren. Gelatineblätter in Wasser einweichen, ausdrücken und mit einem Löffel Wasser bei mittlerer Hitze auflösen, unter die Masse rühren. 50 g geschlagenes Obers unterziehen.

SCHRITT 2: Terrinenform mit Frischhaltefolie auslegen. Biskotten kurz in Nusslikör tauchen, abwechselnd mit der Schafskäsemasse in die Form füllen, mit Käsemasse abschließen.

SCHRITT 3: Die Form ca. 6 Stunden kalt stellen, dann stürzen. In 2 cm dicke Scheiben schneiden, eine Scheibe mit Kakaopulver bestreuen, die zweite mit gehackten Walnüssen.

SCHRITT 4: Mit glacierten Weintrauben anrichten.

Arme Leute-Küche

Arme Leute-Küche

Franz Josef Weizenegger gibt in „Vorarlberg" Auskunft darüber, wie es beim „gewöhnlichen Landvolk" zuging: „Die gewöhnlichen Speisen bestanden in Türkenbrei (Maisbrei), Hafermuß, gerollter Gerste mit Bohnen oder Fisole, Gartengemüse, frischem oder getrocknetem Obste. Milch ohne Rahm folgte nach jeder Mahlzeit, der wurde mit der gekochten Türkengrütze aufgestellt; wollte man sich aber gütlich thun, so blieb der fette Rahm auf der Milch und die Schüssel wurde mit Brodstücken vollgemacht. Fleisch aß der Bauer höchstens an Sonn- und Festtagen, wenn etwa ein Schwein oder Rind eine zeitlang gemästet ward; frisch genoß man nur, was sich nicht aufbewahren ließ, alles andere kam in die Salzbeitze und dann in den Rauchfang, von wo es besonders zur Faschings- und Kirchweihzeit als Diegenes auf den Tisch gestellt wurde."

Vorarlberg gehörte zu jenen Gebieten der österreichisch-ungarischen Monarchie, die am frühesten industrialisiert wurden. Schon zu Beginn des 19. Jahrhunderts wurden im Rheintal und im Walgau die ersten Fabriken errichtet. Die Arbeitsbedingungen sind heute kaum mehr vorstellbar: Mindestens 13 Stunden (von halb 6 Uhr morgens bis halb 8 Uhr abends mit einer Stunde Mittagspause) verbrachten die „Fabrikler" täglich in engen, lauten und schlecht gelüfteten Hallen. Im Gegensatz zu den großen Gewinnen der Fabrikherren reichten die Löhne für diese Schinderei kaum fürs Überleben, so dass meist mehrere Familienangehörige mitarbeiten mussten - auch acht- bis zwölfjährige Kinder. Erst als sich herausstellte, dass die Kinder so große Schäden erlitten, dass sie später weder in der Fabrik noch beim Militär einsatzfähig waren, beschränkten die Behörden die tägliche Arbeitszeit für Kinder unter 14 Jahren auf zehn Stunden. Das entsprechende Gesetz wurde allerdings in Vorarlberg de facto noch jahrelang missachtet. Für viele änderten sich durch die Industrialisierung zwar die Arbeits-, aber keineswegs die Lebensbedingungen: Hunger war für zahlreiche Arbeiter eine alltägliche Erfahrung. „Kinder, welche vorher in der freien Luft erstarkten, wurden jetzt an das Spinnrad, erwachsene Mädchen zum Stickrahmen und größere Knaben in den Webkeller gebannt. Die bisherige Hausmannskost sagte der sitzenden Lebensart nicht zu; blaß und kränklich kamen die Kinder aus ihrem Zwinger, bis man den Kaffee einführte, dessen flüchtiges Öhl die erschlafften Lebensgeister weder aufregte, und öfters im Tage musste dieses Reizmittel wiederholt werden, das jetzt statt des Brodes mit den schon gemein gewordenen Kartoffeln die Hauptnahrung ausmachte. Wollten die Eltern diesem Getränk den Eingang sperren, so brach in dem Hause eine kleine Meuterei aus. Denn jetzt waren die Kinder der verdienende Theil im Hauswesen und konnten genau die Summen vorrechnen, welche ihre Hände einbrachten. Die Eltern mussten nachgeben und machten am Ende selbst mit, obgleich für diese Bohne und den Zucker ein Namhaftes von dem Gewinne wieder abfiel." (Weizenegger und Merkle, „Vorarlberg", 1839)

Die Suppe war in Notzeiten die einzige kräftige Sättigung. Dick sollte sie sein, eine Art Eintopf, wie die Gerstensuppe mit einem Stück mitgekochtem „Diegenes" (Selchfleisch) oder die Brennsuppe, geröstete Brotsuppe, Bettlersuppe. Eintopfgerichte mit Sauerkraut oder „Schnitzwasser" (Kompott aus frischem oder gedörrtem Obst) waren mittags die Hauptspeisen.

Bei der Vielzahl der fleischlosen Gerichte war der Löffel das wichtigste Esswerkzeug, vor allem bei der „Älplerkoscht", den Gerichten aus Brei und „Müser", den ältesten „Mehlspeisen" aus Mehl und Milch, die lange Zeit die Hauptnahrung der Älpler bildeten. Da diese Kost lange „anhalten" musste, war sie überaus fettreich (Franz Maier-Bruck, „Vom Essen auf dem Lande", 1999).

Hafaloab

FÜR 4 PORTIONEN:

250 g	*Maisgrieß*
250 g	*Mehl*
250 g	*Brösel*
	Salz
	Muskatnuss
	kochende Milch oder Milchwasser
1–2	*Eier*

SCHRITT 1: Maisgrieß, Mehl, Brösel und Gewürze in eine Schüssel geben, mit kochender Flüssigkeit anschütten und gut durchrühren; die Masse sollte ziemlich fest sein. Auskühlen lassen. Anschließend die Eier dazugeben. Mit einem Löffel aus der Masse längliche Laibchen formen und in leicht kochendem Salzwasser ca. 45 Minuten mehr ziehen als kochen lassen.

TIPP:
Man kann auch eine gekochte Kartoffel fein reiben und unter den Teig mischen.

Wälderloab mit Seele

FÜR 4 PORTIONEN:

120	*g*	*Maisgrieß*
120	*g*	*Mehl*
120	*g*	*Brösel*
2		*Eier*
250	*ml*	*Milch*
200	*g*	*Geselchtes*
		Salz
		Muskatnuss

SCHRITT 1: Grieß, Brösel und Mehl in eine Schüssel geben und würzen. Die Milch mit etwas Wasser zum Kochen bringen, nur soviel Milch zum Mehl geben, bis eine feste Masse entsteht. Auskühlen lassen.

SCHRITT 2: Die Eier dazugeben und aus der Masse mit einem Löffel längliche Laibchen formen. In jedes Laibchen ein Stück Geselchtes geben und den Teig gut zudrücken.

SCHRITT 3: Die Laibchen in leicht kochendem Salzwasser 45 Minuten ziehen lassen.

TIPP:
Dazu Gerstensuppe oder Schweinebraten servieren.

Kartoffelbrösel mit Speckwürfeln und Kopfsalat

FÜR 4 PORTIONEN:

3/4	*kg*	*Kartoffeln*
		Salz
2–3	*EL*	*Mehl*
150	*ml*	*Milch*
100–150	*g*	*Butterschmalz*
100	*g*	*durchzogener Speck*
		Salz, Pfeffer
		Essig
2	*Stk.*	*Kopfsalat*

SCHRITT 1: Die Kartoffeln kochen, schälen und grob raffeln. Mehl, eine Prise Salz und Milch unterheben. In einer großen Pfanne Butterschmalz erhitzen und die Kartoffelmasse darin mindestens 1/2 Stunde lang unter ständigem Rühren knusprig anrösten.

SCHRITT 2: Den Speck kleinwürfelig schneiden, in einer heißen Pfanne auslassen und herausnehmen. Das Fett abseihen und noch warm mit Salz, Pfeffer und etwas Essig zu einer Marinade verrühren. Den Salat waschen und vierteln, mit Marinade und Speckwürfeln anrichten und zum Kartoffelbrösel servieren.

Kartoffelsalat

FÜR 4 PORTIONEN:

1	kg	*Kartoffeln (Sieglinde)*
60	ml	*Suppe*
1/2	TL	*Salz*
1/2	TL	*Zucker*
		Pfeffer
1/2		*Zwiebel, fein gehackt*
1	TL	*Senf*
50	ml	*Öl*
ca. 50	ml	*Mostessig*

SCHRITT 1: Die Kartoffeln in der Schale kochen, noch heiß schälen und feinblättrig schneiden.

SCHRITT 2: Über die noch warmen Kartoffeln die kochend heiße, gut gewürzte Suppe gießen und 5 Minuten ziehen lassen. Alle übrigen Zutaten gut vermischen und die Kartoffeln damit marinieren. Vorsichtig vermischen und am besten noch lauwarm servieren.

TIPP:
Die Menge des Essigs hängt von dessen Schärfe ab.

Krautknöpfle

FÜR 4 PORTIONEN:

300	*g*	*Mehl*
3		*Eier*
		Salz
		Milch
1	*EL*	*Butter*
		Sauerkraut, gekocht
1		*Zwiebel*
1/2	*TL*	*Mehl*

SCHRITT 1: Mehl, Eier und Salz mit etwas Milch zu einem festen, glatten Teig abschlagen. Mit dem Spätzlehobel in kochendes Salzwasser drücken und nach kurzem Aufwallen aus dem Wasser schöpfen. Anschließend in einer Bratpfanne zusammen mit dem Sauerkraut etwas anbraten.

SCHRITT 2: Zwiebel fein hacken, mit wenig Mehl stauben und in Butter anrösten, die Krautknöpfle damit anrichten.

TIPP:
Als Beilage passt Apfelmus.

Krautauflauf

FÜR 4 PORTIONEN:

1		*Zwiebel*
500	*g*	*Weißkraut*
250	*g*	*Faschiertes*
2		*Eier*
1		*Semmel*
		Salz, Pfeffer
		Majoran
		Kümmel
		Fett

SCHRITT 1: Die fein gehackte Zwiebel und das feingehobelte Weißkraut im Fett glasig dünsten.

SCHRITT 2: Die Semmel in Wasser einweichen, ausdrücken und mit den Eiern, dem Faschierten und den Gewürzen vermengen. Das gekochte Kraut zugeben und untermischen.

SCHRITT 3: Eine Auflaufform ausfetten, die Masse hineingeben und etwa 30 Minuten bei 180 °C backen.

Walsertaler Krautkrapfen

FÜR 4 PORTIONEN:

Teig:

400	*g*	*Mehl*
3		*Eier*
		etwas Wasser
		Salz

Fülle:

3/4	*kg*	*Sauerkraut*
1		*Lorbeerblatt*
		Wacholderbeeren
		Pfefferkörner
1		*Zwiebel*
150–200	*g*	*magerer Speck*
2	*EL*	*Butterschmalz*
1	*EL*	*Mehl*
		Wasser oder Rindsuppe zum Aufgießen
1		*Ei*

SCHRITT 1: Für den Teig Mehl, Eier, etwas Wasser und Salz verkneten und zugedeckt rasten lassen.

SCHRITT 2: Sauerkraut mit Lorbeerblatt, Wacholderbeeren und einigen Pfefferkörnern in Wasser weich kochen. Zwiebel und Speck klein hacken und in Butterschmalz anrösten, mit Mehl stauben und abgetropftes Sauerkraut untermengen. Mit etwas Wasser oder Rindsuppe aufgießen und etwa 20 Minuten dünsten; anschließen überkühlen lassen.

SCHRITT 3: Den Teig dünn auswalken und in zwei Rechtecke teilen. Zwei Drittel mit dem Sauerkraut belegen, den Rest mit Ei bestreichen und zu einem Strudel rollen. Den Strudel in einzelne Stücke schneiden und jeweils die Ränder zusammendrücken.

SCHRITT 4: In einer Kasserolle etwas Suppe oder Wasser angießen, die Strudelstücke dicht hinein legen, zudecken und im Backrohr bei 180 °C ca. 20 bis 30 Minuten dünsten.

Lauch-Käse-Strudel

FÜR 4 PORTIONEN:

200	g	*Bergkäse*
200	g	*Karreeschinken*
2		*Stangen Lauch*
		Kräutersalz
		Muskatnuss
350	g	*Blätterteig*
2		*Becher Crème fraîche*
1		*Ei*

SCHRITT 1: Käse, Schinken und Lauch in feine Streifen schneiden, mit Kräutersalz und Muskat würzen und mit Crème fraîche vermischen.

SCHRITT 2: Den Blätterteig auf einem bemehlten Tuch rechteckig ausrollen und die Fülle auf der Mitte des Teiges verteilen. Einen Strudel formen und mit einem verquirlten Ei bestreichen. Im vorgeheizten Backrohr bei 190 °C ca. 45 Minuten goldbraun backen.

Sure Kartofla

FÜR 4 PORTIONEN:

5		*Kartoffeln*
1	EL	*Mehl*
1		*Knoblauchzehe*
1		*Zwiebel*
50	g	*Butter*
2	EL	*Selchspeck*
1	EL	*Schweinefett*
		Essig

SCHRITT 1: Die Kartoffeln schälen und in Salzwasser weich kochen. Das Mehl im Schweinefett dunkel anrösten, mit 2 EL Wasser ablöschen. Etwas Essig dazugeben, pikant würzen und kurz kochen lassen. Die grob geriebenen Kartoffeln zugeben, alles heiß werden lassen.

SCHRITT 2: Zwiebelringe mit Mehl stauben und in Butter braun rösten, Speckwürfel dazugeben und mitrösten. Die Kartoffeln mit den Zwiebelringen und Speck bestreuen. Eventuell gehackten Schnittlauch darüber streuen und in der Pfanne servieren. Schwarzbrot dazu reichen.

TIPP:
Ein schnelles Essen, wenn man gekochte Kartoffeln vom Vortag verwendet!

Pfifferling-Gröstl mit Brunnenkresse

FÜR 4 PORTIONEN:

300–400	*g*	*Pfifferlinge (= Eierschwammerl)*
1		*Zwiebel*
100	*g*	*magerer Speck*
2	*EL*	*Butter oder Butterschmalz*
200	*g*	*Kartoffeln, gekocht*
4		*Eier*
2	*EL*	*Brunnenkresse*

SCHRITT 1: Pfifferlinge putzen (nicht waschen) und in Stücke schneiden. Speck und Zwiebel fein hacken und in Butter oder Butterschmalz hell anrösten. Vorgekochte Kartoffeln schälen, in Scheiben schneiden und mitrösten. Nach einigen Minuten Pfifferlinge dazugeben und ebenfalls anrösten. Mit Salz und frisch gemahlenem Pfeffer würzen. Eier versprudeln, über die Kartoffel-Pilzmischung gießen und kurz stocken lassen.

SCHRITT 2: Brunnenkresse hacken und das Gröstl damit vor dem Servieren bestreuen.

Schabo ganz

FÜR 4 PORTIONEN:

1 EL Schweinefett
1 EL Mehl
1 kg Kartoffeln
100 g Selchspeck
250 ml Wasser
reichlich Petersilie
Salz
Muskat
Kümmel
Butter
1 Zwiebel
1/2 TL Mehl

SCHRITT 1: Das Mehl im Schweinefett hellbraun rösten. Die geschälten, in grobe Würfel geschnittenen Kartoffeln und den gewürfelten Selchspeck dazugeben. Kurz durchrösten und mit Wasser aufgießen. Würzen und langsam kochen lassen, bis die Kartoffeln weich sind.

SCHRITT 2: Die Zwiebel fein schneiden und mit etwas Mehl gut vermischen, in Butter goldbraun rösten und über das fertige Gericht verteilen.

TIPP:
Als Beilage passt grüner Salat.

Kartoffel-Gulasch

FÜR 4 PORTIONEN:

1 kg Kartoffeln
1 Zwiebel
1 TL Paprikapulver, edelsüß
2 EL Tomatenmark
125 ml Rotwein
1 Knoblauchzehe
3 Schüblinge
Salz
Kümmel
Butter

SCHRITT 1: Die Zwiebel fein hacken und in einer Pfanne mit etwas Butter hellgelb anrösten. Das Paprikapulver zugeben, kurz unterrühren und mit Rotwein aufgießen. Das Tomatenmark, die Gewürze und die rohen, in Würfel geschnittenen Kartoffeln dazugeben. Mit Wasser knapp bedecken und auf kleiner Flamme weich kochen.

SCHRITT 2: Schüblinge in dünne Räder schneiden, ins fertige Gulasch geben und heiß servieren. Dazu Salat servieren.

Sutt

FÜR 4 PORTIONEN:

1 kg	*speckige Kartoffeln*
	Käse (Sauerkäse, Räßkäse, Tilsiter, Romadur, Camembert)
250 g	*Topfen*
1	*Zwiebel*
	Schnittlauch
	Dille
	Milch
	Salz, Pfeffer
	Butter
	Kümmel
	Paprikapulver

SCHRITT 1: Die Kartoffeln in der Schale kochen und ungeschält servieren.

SCHRITT 2: In der Kochzeit der Kartoffeln aus fein gehackter Zwiebel, Topfen, Salz, Pfeffer, Paprikapulver, gehackten Kräutern und etwas Milch einen Kräuteraufstrich herstellen. Man kann auch anstelle von Milch Schlagobers verwenden.

SCHRITT 3: Die Kartoffeln servieren, jeder schält sich seine Kartoffel selbst und bestreut sie mit Salz und Kümmel. Den Kräuteraufstrich, den Käste und kalte Butter dazu reichen. Ein Glas kalte Milch oder frischer Most passen sehr gut dazu.

TIPP:
Der Sutt ist eine vollwertige Hauptmahlzeit!

Spinatspätzle

FÜR 4 PORTIONEN:

300 g	*Mehl, griffig und glatt gemischt*
3	*Eier*
4 EL	*Sauerrahm*
	Salz, Pfeffer
4 EL	*gekochter Spinat, passiert*
200 g	*Schinken oder gekochtes Geselchtes*
	Butter oder Butterschmalz
1–2 EL	*gehackte Kräuter*

SCHRITT 1: Für den Spätzleteig Mehl, Eier, Sauerrahm und passierten Spinat verrühren und mit etwas Salz und Pfeffer würzen. Mit einem Spätzlehobel in kochendes Salzwasser drücken und leicht wallend kochen. Sobald die Spätzle an der Oberfläche schwimmen, abschöpfen und kalt abschrecken.

SCHRITT 2: Kleinwürfelig geschnittenen Schinken in etwas Butter oder Butterschmalz kurz anrösten und anschließend warm halten. Nochmals Butter schmelzen und die abgetropften Spätzle darin kurz schwenken. Mit den Schinkenwürfeln anrichten und mit gehackten Kräutern servieren.

Schwozamuas

FÜR 4 PORTIONEN:

8 EL	*Mehl*
1	*Ei*
	Salz
	Milch oder Wasser
	Butterschmalz

SCHRITT 1: Mehl mit versprudeltem Ei, einer Prise Salz und so viel warmer Milch oder heißem Wasser glatt rühren, dass ein dünnflüssiger Teig entsteht. In einer Pfanne Butterschmalz erhitzen, Teig eingießen und so lange braten, bis eine Kruste entsteht. In mehrere Stücke teilen, wenden und wieder goldbraun anrösten. Dazu serviert man grünen Salat, Milch oder Kaffee.

Bura-Omlett

FÜR 4 PORTIONEN:

100 g	*Speck*
50 g	*Bergkäse*
1	*Zwiebel*
4	*Kartoffeln*
6	*Eier*
1 EL	*Milch*
	Salz, Pfeffer
	Petersilie

SCHRITT 1: Die Kartoffeln vorkochen oder gekochte Kartoffeln vom Vortag verwenden.

SCHRITT 2: In einer breiten Pfanne den würfelig geschnittenen Speck und die fein gehackte Zwiebel auslassen. Die gekochten Kartoffeln in Würfel schneiden und zusammen mit den Gewürzen und dem geriebenen Käse zugeben.

SCHRITT 3: Die Eier mit der Milch aufschlagen, leicht salzen und über die Kartoffeln gießen. Auf kleiner Flamme stocken lassen, eventuell wenden.

SCHRITT 4: Mit Petersilie bestreuen und mit grünem Salat servieren.

Strudelteigtörtchen mit Topfen, Erdäpfeln, Steinpilzen und gegrillten Pfirsichspalten

Christian Gölles

FÜR 4 PORTIONEN:

300 g	*Studelteig*
	flüssige Butter
200 g	*Topfen*
3	*Eidotter*
2	*gekochte Erdäpfel*
2	*Schalotten*
100 g	*Blattpetersilie*
250 g	*Steinpilze*
1	*Knoblauchzehe*
	Salz, Pfeffer
	Muskatnuss
	Kümmel, gemahlen
	Tabasco
	Cayennepfeffer
	Kerbel
	Blattpetersilie
	Rucola
	Zitronensaft
	Olivenöl
2	*feste Pfirsiche*
4	*Tartelettesformen (10 cm Durchmesser)*

SCHRITT 1: Den Strudelteig in 12 Stücke à 12 x 12 cm schneiden. Die Strudelteigquadrate mit Butter bestreichen, je 3 Stück übereinander und versetzt in die Tartelettesformen schlichten.

SCHRITT 2: Den Topfen mit Dottern, Salz, Pfeffer, Tabasco und gehackter Petersilie glatt rühren.

SCHRITT 3: Die gekochten Erdäpfel in Würfel schneiden, zusammen mit einem Teil der Steinpilze und Schalottenwürfeln in Butter anbraten. Mit Salz, Pfeffer und Kümmel würzen, überkühlen lassen und in die vorbereiteten Formen füllen. Die Topfenmasse auf der Fülle verteilen und im Rohr bei 200 °C ca. 10 Minuten backen.

SCHRITT 4: Die restlichen Steinpilze mit Schalotten und Knoblauch in Olivenöl und etwas frischer Butter sautieren. Mit Salz, Pfeffer, Cayenne, Muskat und Petersilie würzen.

SCHRITT 5: Die Pfirsiche in 12 Spalten schneiden und in einer Grillpfanne langsam grillen (oder in einer Teflonpfanne braten).

SCHRITT 6: Die warmen Steinpilze und Pfirsiche auf Teller verteilen, die Törtchen aus der Form nehmen und auf die Pilze setzen. Mit einem kleinen Kräutersalat aus Kerbel, Rucola und Blattpetersilie garnieren. Den Salat mit Salz, Pfeffer, Zitronensaft und Olivenöl marinieren, eventuell mit etwas reduziertem Balsamico umgießen.

Topfen-Bergkäse-Tarte mit sonnengetrockneten Tomaten

Nina Sotriffer

FÜR 4 PORTIONEN:

Mürbteig:

200 g	*Mehl*
125 g	*Butter*
50 ml	*Wasser*
1	*Eidotter*
1	*Prise Salz*
1	*Prise Zucker*

Belag:

250 g	*Bauerntopfen*
100 g	*Bergkäse, gerieben*
3	*Eier*
2 EL	*Crème fraîche*
	Salz
	weißer Pfeffer aus der Mühle
	Muskatnuss
100 g	*sonnengetrockete Tomaten, fein würfelig geschnitten*

SCHRITT 1: Alle Zutaten für den Mürbteig rasch zusammenkneten. Den Mürbteig auf einer bemehlten Arbeitsfläche ausrollen.

SCHRITT 2: Eine Tarteform von etwa 22 cm Durchmesser ausbuttern und mit Mehl bestäuben. Die Form mit dem ausgerollten Teig auskleiden und 30 Minuten im Kühlschrank ruhen lassen.

SCHRITT 3: Den Topfen in eine Schüssel geben. Mit dem Handmixer zunächst die Eier, dann die Crème fraîche einarbeiten, den Bergkäse untermengen und die Masse mit Salz, Pfeffer und Muskatnuss abschmecken.

SCHRITT 4: Den Ofen auf 200 °C vorheizen. Die vorbereitete Käsemasse auf den Teigboden gießen und die gewürfelten Tomaten gleichmäßig darauf verteilen. Die Tarte im Ofen 25–35 Minuten backen.

TIPP:

Dazu passt Blattsalat mit einem Walnussöl-Dressing

Zwiebel-Speck-Kuchen

FÜR 4 PORTIONEN:

300 g	*Blätterteig*

Belag:

200 g	*Speck*
4	*Zwiebeln*
100 g	*Lauch*

Eierguss:

30 g	*Butter*
2 EL	*Mehl*
250 ml	*Milch*
3	*Eier*
2 EL	*Topfen*
	Salz, Pfeffer
	Muskatnuss

SCHRITT 1: Den Blätterteig ausrollen und eine Springform damit auslegen, den Rand dabei hochziehen.

SCHRITT 2: Für den Belag die fein gehackten Zwiebeln und den würfelig geschnittenen Speck anrösten, den in Scheiben geschnittenen Lauch mitdünsten und alles auf dem Kuchenboden verteilen.

SCHRITT 3: Für den Guss aus Butter, Mehl und Milch eine Béchamelsauce bereiten. Die Eier, den Topfen und die Gewürze darunter mischen und auf den Kuchen geben.

SCHRITT 4: Das Backrohr auf 200 °C vorheizen und den Kuchen darin ca. 40 Minuten backen.

Fleischgerichte

Fleisch

Das Wissen und die Kenntnisse über unsere Vorfahren verdanken wir unter anderem dem am 8. Mai 1784 in Bregenz geborenen Franz Josef Weizenegger. Auf der Suche nach einer sinnvollen Beschäftigung fand der als Priester tätige Weizenegger diese in der „Vaterlandsgeschichte". Angeregt durch die Chronik des Bregenzer Kapuzinerpaters Anizet Riedinger (1740–1818), sammelte er im aufgehobenen Kloster Mehrerau und im Stadtarchiv Bregenz „geschichtliche Merkwürdigkeiten".

Daraus entstand der Plan einer groß angelegten Geschichte Vorarlbergs, zu der er Fragebogen an alle Pfarreien aussandte. Ein früher Tod riss ihn am 7. Dezember 1822 aus seinem Schaffen. Erst 1839 konnte sein Lehrer und Vollender Meinrad Merkle das dreibändige Werk in Druck geben, das Weizenegger posthum zum „Vater der Vorarlberger Geschichtsschreibung" machte. Franz Josef Weizenegger war ein großer Kenner von Land, Leuten und Lebensgewohnheiten: „Mastung ist nicht Sache des Vorarlbergers, es gebricht an Mehlfrüchten und ihren Abgängen zu mehlichten Tränken. Was hier und da von Zugochsen in die Mastung gestellt wird, erreicht den wirklichen Bedarf nicht einmal annähernd ... Schweine werden nur zerstreut und an keinem Orte mit Vorzug gehalten ... Die Schafzucht wird in Sonnenberg und Montafon so weit betrieben, dass jährlich eine große Zahl in die Schweiz und nach Schwaben abgegeben werden kann... Ziegen halten sich ärmere Leute der Milch wegen... Die Haushenne ist auf dem Lande daheim... Gänse und Enten sind häufiger in den Seegegenden ..."

Heute, nach diversen Lebensmittelskandalen, weiß man, wie wichtig gesunde Lebensmittel sind. Und daher stellte der Landwirtschaftliche Ausschuss in Bregenz am 27. April 2005 folgenden Antrag:

DER VORARLBERGER LANDTAG MÖGE BESCHLIESSEN:
„Die Vorarlberger Landesregierung wird ersucht, die erfolgreiche Kampagne „Ländle Qualität – luag druf" ambitioniert weiter zu unterstützen und sich zusätzlich dafür einzusetzen, dass die heimischen Lebensmittel und Qualitätsprodukte verstärkt am heimischen Markt und in der Gastronomie sichtbar werden sowie sich dafür einzusetzen, dass unter Berücksichtigung der Vergabekriterien der Anteil von Ländle- und Bio-Ländle-Produkten in den vom Land, von Gemeinden und von Bundeseinrichtungen geführten Küchen in Vorarlberg erhöht wird."
Einstimmig angenommen in der 4. Sitzung des
XXVIII. Vorarlberger Landtages im Jahr 2005 am 11. 05. 2005

Die Kampagne „Ländle Qualität – luag druf" ist von Erfolg gekrönt. Denn ausschließlich Produkte, die zur Gänze in Vorarlberg erwirtschaftet und verarbeitet werden, bekommen das Gütesiegel „Luag druf – Ländle Qualität".

Die Qualitätsrichtlinien der Ländle-Produkte haben auf allen Erzeugungs- und Vermarktungsebenen (Landwirtschafts-, Schlacht-, Fleischer- und Handelsbetriebe bzw. Gastronomie) Gültigkeit. Die Anforderungen der einzelnen Bereiche sind in den jeweiligen Richtlinien spezifiziert. Mit allen Ländle Produkten wird eine ganz besondere Qualität geliefert: Diese Qualität stammt garantiert aus Vorarlberg. Aufzucht und Anbau werden streng kontrolliert, deshalb entsprechen die Produkte den höchsten Qualitäts- und Sicherheitskriterien.

Von den 75.000 Vorarlberger Bauern zählen 5.200 zu den Lieferanten.

Die erfolgreiche Vermarktung von Ländle-Produkten hat weit reichende Konsequenzen. So tragen etwa die Konsumentinnen und Konsumenten durch den Kauf der regional erzeugten Produkte ganz wesentlich zum Erhalt der heimischen landwirtschaftlichen Betriebsstruktur und der Vorarlberger Kulturlandschaft bei.

Ausgelöste Schulter vom Andelsbucher Lamm mit Artischocken und wildem Spargel

Thomas Scheucher

FÜR 4 PORTIONEN:

2	*Lammschultern, gut gelagert, ausgelöst und zugeputzt*
	Salz, Pfeffer
2	*Zwiebeln, würfelig geschnitten*
1	*Bund Wurzelwerk, würfelig geschnitten*
2	*Knoblauchzehen, in der Schale, mit dem Messer leicht angedrückt*
1	*Zweig Rosmarin*
1	*Zweig Thymian*
5	*schwarze Pfefferkörner*
1	*kleines Lorbeerblatt*
	Olivenöl
1 EL	*Tomatenmark*
200 ml	*Rotwein*
	etwas Kalbsfond oder Wasser

Beilagen:

4	*junge Artischocken*
	Saft von 1/2 Zitrone
1 cl	*Olivenöl*
250 ml	*Wasser*
1/2	*Lorbeerblatt*
	Pfefferkörner, Salz
5	*Tomaten*
	wilder Spargel

Chiliöl:

3–4	*rote Chilischoten*
250 ml	*Olivenöl*
	Salz, Zucker

SCHRITT 1: Die Lammschulter salzen, pfeffern und in Olivenöl leicht anbraten, anschließend herausnehmen und das Fett abgießen. Zwiebeln, Wurzelwerk, Knoblauch und Gewürze in den Bräter geben und leicht anziehen lassen, die Lammschulter auf das Gemüsebett geben. Im Rohr bei 140 °C ca. 50 Minuten garen, dabei immer wieder mit dem sich bildenden Bratensaft übergießen. Nach der Garzeit die Lammschulter aus dem Bräter nehmen und bis zum Servieren warm stellen.

SCHRITT 2: Für die Sauce die Ofentemperatur erhöhen, Tomatenmark in den Bräter geben und kurz schmoren lassen. Mit Rotwein ablöschen und einreduzieren, anschließend etwas Kalbsfond oder Wasser zugeben und köcheln lassen. Zum Schluss die Sauce passieren, entfetten und abschmecken.

SCHRITT 3: Die Stiele der Artischocken kürzen, die Außenblätter und das Heu entfernen. Aus Zitronensaft, Wasser, Olivenöl, Lorbeerblatt, Salz und Pfeffer einen Sud bereiten und die Artischocken darin weich garen.

SCHRITT 4: Die Tomaten blanchieren, schälen und pürieren, anschließend mit Chiliöl, Salz und etwas Zucker abschmecken. Den Spargel waschen, die harten Enden abschneiden. Mit wenig Olivenöl grillen und mit Meersalz würzen.

CHILIÖL: Die Chilischoten in auf 50 °C erwärmtes Olivenöl einlegen und etwas ziehen lassen, dann ein Glas mit Schraubverschluss abfüllen. Das Öl ist mehrere Wochen haltbar.

Mit Rauchschinken gefüllte Röllchen vom Bregenzerwälder Kalb auf rahmigen Kürbisragout und Rosmarinschwenkkartoffeln

Ellen Nenning

FÜR 4 PORTIONEN:

500 g	*Kalbsrücken*
10	*dünne Scheiben Rauchschinken*
1	*Karotte*
1	*Zucchini*
600 g	*Muskat- oder Hokkaidokürbis*
	Rama Crème fine
400 g	*Kartoffeln*
1	*Zweig Rosmarin*
	Salz, Pfeffer
	Butterschmalz und Olivenöl

SCHRITT 1: Den Kalbsrücken vom Metzger zuputzen lassen oder selber mit einem scharfen Messer die Fettschicht und Sehnen entfernen. Den Rücken in ca. 2 cm dicke Scheiben schneiden und zwischen einer Folie ganz dünn klopfen. Die Karotte schälen und mit der Zucchini in dünne Längsscheiben schneiden. Die Kalbsrückenscheiben mit Salz und Pfeffer würzen und abwechselnd mit dem Rauchschinken, Karotten und Zucchini belegen. Anschließend alles zu einer schönen Rolle zudrehen. Ein Stück Aluminiumfolie mit flüssigem Butterschmalz bestreichen und die Rolle fest einwickeln.

SCHRITT 2: Die Kartoffeln und den Kürbis schälen. Die Kartoffeln in schöne Ecken schneiden und mit etwas Salz weich kochen. Den geschälten Kürbis in ca. 1/2 cm große Würfel schneiden und in einem kleinen Topf mit Olivenöl scharf anbraten. Mit Salz und Pfeffer würzen, Rama Crème fine dazugeben und langsam weich dünsten.

SCHRITT 3: Die Kalbsröllchen in Butterschmalz scharf anbraten und auf einer Platte bei 160 °C 8 Minuten in den Ofen geben. Die Kartoffelecken kurz ausdampfen lassen und in einer beschichteten Pfanne mit Olivenöl knusprig braten. Die Rosmarinnadeln abzupfen und klein hacken, über die Kartoffeln geben, und mit Salz und Pfeffer würzen.

Bürser Lammtopf mit Majorankartoffeln

FÜR 4 PORTIONEN:

3/4 kg	*Lammfleisch zum Schmoren (ausgelöste Schulter)*
1/4 kg	*Wurzelwerk (Gelbe Rüben, Petersilienwurzel, Sellerie)*
1/2	*Stange Lauch*
1	*Zwiebel*
100 g	*durchwachsener Speck*
2 EL	*Butterschmalz*
	Salz, Pfeffer aus der Mühle
2–3 EL	*Mehl*
	Lammfond oder Rindsuppe zum Aufgießen
	Pfefferkörner
	Thymian
1	*Lorbeerblatt*
150 ml	*kräftiger Weißwein*
	Mehl oder kalte Butter zum Binden

Majorankartoffeln:

1/2 kg	*gekochte Kartoffeln*
2 EL	*Butterschmalz*
2 EL	*Mehl*
200 ml	*Rindsuppe oder Essigwasser zum Aufgießen*
	frischer oder getrockneter Majoran
	Salz, Pfeffer

SCHRITT 1: Zugeputztes Lammfleisch ohne Fett und Sehnen in Würfel schneiden. Wurzelwerk, Lauch und Zwiebel in grobe Stücke teilen. Speck würfelig schneiden und in einer Kasserolle in heißem Butterschmalz anrösten, Gemüse dazugeben und kurz mitrösten. Lammfleisch einlegen, mit Salz und Pfeffer würzen und so lange dünsten, bis die Flüssigkeit verkocht ist. Fleischstücke herausnehmen. Gemüse mit Mehl stauben und rösten, bis das Mehl Farbe annimmt. Mit etwas Lammfond aufgießen, kurz reduzieren und das Fleisch wieder hineingeben. Mit Lammfond aufgießen, bis das Fleisch gerade bedeckt ist, und Lorbeerblatt, Pfefferkörner und Thymian dazugeben. Zugedeckt je nach Fleischqualität 1 bis 1 1/2 Stunden garen. Anschließend Fleisch herausnehmen und warm stellen. Die Sauce passieren, zusammen mit dem Weißwein nochmals reduzieren und mit Mehl oder einem Stückchen kalter Butter binden. Mit Salz und Pfeffer abschmecken.

SCHRITT 2: Für die Majorankartoffeln gekochte und geschälte Kartoffeln in Scheiben schneiden. Butterschmalz erhitzen, Mehl darin hell anrösten und mit Rindsuppe oder Essigwasser aufgießen. Mit Majoran, Salz und Pfeffer würzen und etwa 10 bis 15 Minuten stark einkochen lassen. Kartoffelscheiben dazugeben, durchrühren und weitere 10 Minuten kochen lassen. Bei Bedarf mit etwas Rindsuppe aufgießen. Vor dem Servieren abschmecken und mit frisch gehacktem Majoran bestreuen.

Gitzibraten

FÜR 4 PORTIONEN:

1,5 kg	*Kitzbraten*
	Salz, Pfeffer
	Majoran
1/2 kg	*Erdäpfel*

SCHRITT 1: Das Kitzfleisch salzen, pfeffern und mit Majoran einreiben. Mit den Knochen in heißem Fett anbraten und mit etwas Wasser und Salz in den heißen Backofen stellen. Darauf achten, dass das Kitzfleisch nicht zu stark angeröstet wird.

SCHRITT 2: Etwas später die in Scheiben geschnittenen Erdäpfel beigeben und solange braten, bis das Fleisch und die Erdäpfel gar sind.

TIPP:
Als Beilage passt grüner oder gemischter Salat.

Milzschnitten

FÜR 4 PORTIONEN:

200 g	*Milz*
1	*Ei*
1/2	*Zwiebel*
2	*Brote*
	Salz, Pfeffer
	Petersilie
	Fett zum Anbraten

SCHRITT 1: Die fein gehackte Zwiebel in Fett anrösten. Die Milz schaben und mit dem Ei, Gewürzen und der gehackten Zwiebel verrühren.

SCHRITT 2: Dünne Brotscheiben mit der Milzmasse bestreichen. Die bestrichene Seite zuerst in Fett braten, dann wenden und und die andere Seite braten.

SCHRITT 3: Kartoffelsalat dazu servieren.

Jungstierbraten

FÜR 4 PORTIONEN:

1 kg *Rindfleisch vom Jungstier (Gustostück, Schulter, Schlussbraten)*
Salz, Pfeffer
3 EL *Butter*
Rinds- oder Kalbsknochen
Rindsuppe oder Wasser zum Aufgießen
150 ml *Crème fraîche*
1 EL *Mehl*
gemischtes Gemüse (z.B. Karotten, Karfiolröschen, Erbsen)
Butter zum Andünsten

SCHRITT 1: Fleisch zuputzen, rundum mit Salz würzen und in geschmolzener Butter rasch von allen Seiten anbraten. Eine passende Bratenpfanne mit den Knochen auslegen, Rindfleisch mit der „schönen" Seite nach unten einlegen, etwas Rindsuppe angießen und bei fallender Temperatur von 220 °C auf 180 °C gar braten. Währendessen wiederholt mit Bratensaft übergießen und etwas Suppe zugießen. Nach der Hälfte der Bratzeit umdrehen und weiterbraten, bis beim Anstechen mit einer Nadel kein Blut mehr austritt. Braten herausnehmen, in Alufolie hüllen und warm rasten lassen.

SCHRITT 2: Gelösten Bratensaft nochmals mit etwas Suppe aufgießen und kräftig einreduzieren. Crème fraîche mit Mehl verrühren und zum Bratensaft geben, noch so lange einkochen lassen, bis die Sauce schön mollig ist. Mit Salz und Pfeffer abschmecken. Klein geschnittenes Gemüse in Salzwasser kernig kochen, in Butter andünsten und unter die Sauce mengen.

SCHRITT 3: Fertigen Braten tranchieren, mit etwas Sauce begießen, den Rest in einer Sauciere extra dazu reichen.

TIPP:
Dazu passen Nudeln (z. B. Spiralen oder Hörnchen) und gedämpftes Gemüse.

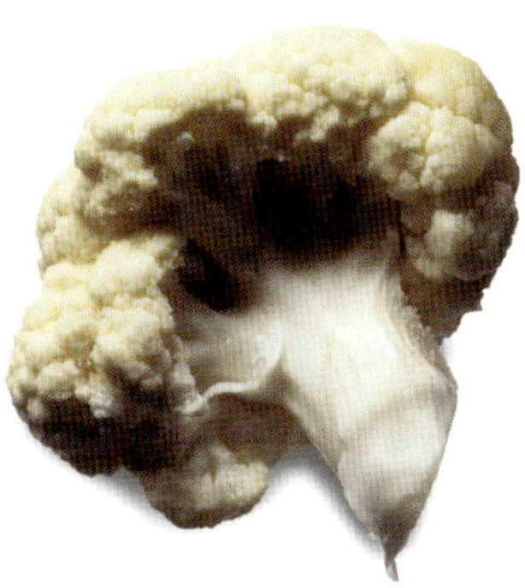

Leberspätzle

FÜR 4 PORTIONEN:

250 g *passierte Rindsleber*
2 *Eier*
2 EL *Mehl*
125 ml *Milch*
60 g *Brösel*
Salz, Pfeffer
Majoran, Thymian

SCHRITT 1: Die Leber mit den Eiern, den Gewürzen und Mehl glatt rühren. Die Milch und Brösel zugeben, gut durchmischen und 30 Minuten stehen lassen.

SCHRITT 2: Nochmals gut durchrühren, eventuell noch Brösel dazugeben. Mit einem Spätzlehobel den Teig ins kochende Salzwasser reiben, abseihen und in der Suppe servieren. Mit reichlich Schnittlauch betreuen.

TIPP:
Man kann die Leberspätzle auch gut einfrieren!

Hausbratwurst im Häß (= Panier)

FÜR 4 PORTIONEN:

300 g	*mageres Kalbfleisch*
300 g	*durchzogenes Schweinefleisch*
1	*Zwiebel*
	Butterschmalz zum Anbraten
1 EL	*gehackte Petersilie*
2	*Knoblauchzehen*
	etwas Zitronenschale
2	*Semmeln*
	Milch zum Einweichen
3	*Eier*
2	*Eidotter*
2 EL	*Sauerrahm*
2 EL	*Schlagobers*
	Salz, Pfeffer
	Mehl
	Eier
	Semmelbrösel
	Butterschmalz

SCHRITT 1: Zwiebel grob würfelig schneiden und in Butterschmalz anrösten. Fleisch zusammen mit Zwiebel, Petersilie, Knoblauch und etwas Zitronenschale ein- oder zweimal durch den Fleischwolf drehen.

SCHRITT 2: Semmeln in Milch einweichen und ausdrücken. Fleischmasse, Semmeln, Eier, Eidotter, Sauerrahm und Obers gut vermengen und mit Salz und Pfeffer würzen. Zu einer geschmeidigen Masse verarbeiten und daraus Würstchen formen. Diese zuerst in Mehl wenden, dann mit versprudelten Eiern und Semmelbröseln panieren. Ausreichend viel Butterschmalz erhitzen und die Würstchen darin von allen Seiten goldbraun herausbacken.

TIPP:
Dazu passt lauwarmer Kartoffel-Vogerlsalat.

Hörbranzer Ente mit Maronisauce

FÜR 4 PORTIONEN:

1	*küchenfertige Ente*
	Salz, Pfeffer
	Majoran
1/2	*Zwiebel*
1 Bd.	*Wurzelwerk*
ca. 400 ml	*Geflügel- oder Rindsuppe*
1	*Zimtstange*
1/2 kg	*gekochte Maroni*
	etwas Süßwein
1–2 EL	*Sauerrahm oder Crème fraîche*
1 EL	*Butter*
1 EL	*Honig*

SCHRITT 1: Die Ente waschen, trocken tupfen und innen und außen kräftig mit Salz, Pfeffer und Majoran würzen. Eine verschließbare, feuerfeste Form mit der grob gewürfelten Zwiebel sowie dem grob geschnittenen Wurzelwerk auslegen. Ente einlegen und etwa 300 ml Geflügelsuppe untergießen, zudecken und bei 180 °C etwa 1 1/4 Stunden dünsten. Etwa 20 Minuten vor Ende der Garzeit Hitze auf 170 °C reduzieren und die Zimtstange dazugeben. Fertig gedünstete Ente herausheben und warm stellen.

SCHRITT 2: Verbliebenes Fett abgießen, mit etwas Geflügelsuppe aufgießen, die Hälfte der Maroni reiben und unter die Sauce mengen. Süßwein zugießen und die Sauce sämig einkochen, eventuell etwas Sauerrahm dazugeben. Sauce nach Belieben passieren.

SCHRITT 3: Die restlichen Maroni in etwas heißer Butter und Honig kurz glasieren. Ente tranchieren, anrichten, mit Sauce umgießen und die Maroni daneben dekorativ drapieren.

TIPP:
Dazu passen Rotkraut und Serviettenknödel.

Hühnerbrüste auf Montafoner Art

FÜR 4 PORTIONEN:

4	*Hühnerbrüste*
50 g	*Butter*
100 g	*Speck*
100 g	*Zwiebeln*
125 ml	*Weißwein*
250 ml	*Wasser*
125 ml	*Schlagobers*
30 g	*Mehl*
1 Stk.	*Schmelzkäse*
	Salz
	Muskatnuss
	Petersilie

SCHRITT 1: Die Hühnerbrüste von den Knochen lösen, enthäuten, salzen und in heißer Butter auf beiden Seiten langsam anbraten. Aus dem Fett heben und in eine Kasserolle schlichten.

SCHRITT 2: Im Bratfett in dünne Streifen geschnittenen Räucherspeck glasig dünsten, die feingehackten Zwiebeln darin anrösten, mit Weißwein und Wasser ablöschen und gut verkochen lassen. Über die Hühnerbrüste gießen und zugedeckt 1/2 Stunde im Rohr weich dünsten.

SCHRITT 3: Hühnerteile herausnehmen und warm stellen. Mehl und Obers versprudeln, die Sauce damit binden. Schmelzkäse dazugeben, verrühren und so lange kochen, bis der Käse sich aufgelöst hat. Mit Salz und Muskatnuss würzen.

SCHRITT 4: Mit gehackter Petersilie bestreut anrichten.

TIPP:
Dazu passen Spinatspätzle.

Montafoner Almkoteletts

FÜR 4 PORTIONEN:

4	*Kalbskoteletts*
	Salz
	etwas Mehl
	Butterschmalz
	Butter für die Backform
100 g	*Speckscheiben*
1	*Bund frische Kräuter (z. B. Bärlauch, Löwenzahn, Brennessel, Sauerrampfer)*
	Rindsuppe zum Aufgießen
2 cl	*Obstler*
150 ml	*Schlagobers*
150 g	*Alp- oder Bergkäse*

SCHRITT 1: Die Kalbskoteletts sanft mit den Fingern andrücken, Ränder etwas einschneiden und beidseitig mit Salz würzen. Auf einer Seite mit Mehl bestäuben und in heißem Butterschmalz auf beiden Seiten rasch anbraten.

SCHRITT 2: Eine feuerfeste Form leicht mit Butter bestreichen, mit den Speckscheiben auslegen, die gehackten Kräuter darüber streuen und die Koteletts darauf legen. Den verbliebenen Bratensatz mit etwas Rindsuppe und Obstler lösen, aufkochen lassen und über die Koteletts gießen. Im vorgeheizten Backrohr bei 170 °C je nach Stärke der Koteletts etwa 20 bis 30 Minuten garen. 8 bis 10 Minuten vor Ende der Garzeit geschlagenes Obers mit geriebenem Käse vermischen und die Koteletts damit bestreichen. In der Form servieren.

TIPP:
Dazu passen abgeschmalzte Spätzle.

Montafoner Hirschrücken

FÜR 4 PORTIONEN:

- *1/2 kg* *Hirschrücken*
- *150 g* *Speck*
- *1 EL* *Fett oder Öl*
- *100 g* *Pilze (z. B. Eierschwammerln, Champignons)*
- *20 g* *Butter*
- *Petersilie*
- *Salz, Pfeffer*

SCHRITT 1: Den Hirschrücken mit Salz und Pfeffer gut einreiben und mit zwei Dritteln des Specks spicken. In heißem Fett ca. 2 1/2 Stunden im Rohr braten, dabei öfters mit Bratensaft begießen.

SCHRITT 2: Die restlichen Speckstreifen rösten und gehackte Petersilie dazugeben. Pilze separat in Butter schmoren und mit Salz und Pfeffer würzen. Den Braten mit dem Speck und den Pilzen garnieren.

TIPP:
Dazu passen Spätzle und Preiselbeeren.

Montafoner Ochsenschnitten

FÜR 4 PORTIONEN:

- *4* *Rindsschnitzel (à 180 g)*
- *100 g* *Speck zum Spicken*
- *Salz, Pfeffer*
- *Estragonsenf*
- *2 EL* *Butterschmalz oder Öl*
- *3* *Frühlingszwiebeln*
- *1 TL* *gehackte Sardellen*
- *einige Kapern*
- *Zitronensaft*
- *1 EL* *gehackte Petersilie*
- *1* *Zweig Estragon*
- *Rindsuppe zum Aufgießen*
- *2–3 EL* *Crème fraîche*

SCHRITT 1: Die zugeputzten Rindsschnitzel an den Rändern leicht einschneiden, zart klopfen und mit dem Speck spicken. Mit Salz und Pfeffer würzen und auf einer Seite mit Estragonsenf bestreichen. Butterschmalz oder Öl erhitzen und die Schnitzel mit der Senfseite zuerst auf beiden Seiten anbraten, anschließend herausnehmen. Im verbliebenen Fett die klein gehackte Frühlingszwiebeln anrösten, Sardellen und Kapern zugeben und kurz durchrösten. Etwas Zitronensaft, gehackt Petersilie sowie Estragonzweig dazugeben und das Fleisch wieder hineinlegen. So lange dünsten, bis keine Flüssigkeit mehr vorhanden ist. Mit Rindsuppe aufgießen, so dass das Fleisch gerade bedeckt ist.

SCHRITT 2: Etwa 1 1/2 Stunden weich dünsten, dabei die Schnitzel öfter wenden und bei Bedarf Flüssigkeit dazugeben. Nach der Garzeit das Fleisch herausnehmen und warm stellen. Estragonzweig entfernen.

SCHRITT 3: Sauce mit Crème fraîche binden und sämig einkochen lassen. Die Ochsenschnitten wieder einlegen, kurz erwärmen und mit gehacktem Estragon bestreuen.

TIPP:
Dazu passen Spätzle oder Hörnle.

Saure Nieren

FÜR 4 PORTIONEN:

- *2–3 Kalbsnieren (je nach Größe)*
- *2 EL Butterschmalz oder Öl*
- *1 Zwiebel*
- *1 EL Mehl*
- *Essig*
- *Rindsuppe zum Aufgießen*
- *Salz, Pfeffer*
- *1 Lorbeerblatt*
- *einige Wacholderbeeren*
- *2 EL Crème fraîche*

SCHRITT 1: Kalbsnieren gut zuputzen und in kleine Stücke teilen. Zwiebel fein hacken und in heißem Butterschmalz oder Öl goldgelb anrösten. Nieren zugeben und kurz mitrösten. Mit Mehl stauben und mit einem Schuss Essig sowie etwas Rindsuppe oder Wasser aufgießen. Gewürze hinzufügen und alles bei mäßiger Hitze 20 bis 30 Minuten weich dünsten.

SCHRITT 2: Abschließend das Lorbeerblatt entfernen, Crème fraîche einrühren, nochmals abschmecken und die Sauce sämig einkochen lassen.

TIPP:
Dieses Rezept kann auch mit gut gewässerten Schweinsnieren oder bereits gekochten Kutteln zubereitet werden.

Überbackene Schweinskoteletts

FÜR 4 PORTIONEN:

4		*Schweinskoteletts*
1	EL	*Senf*
		Pfeffer
		Knoblauch
		gemahlener Kümmel
1	EL	*Dinkelmehl*
40	g	*Butterfett*
125	ml	*Gemüsebrühe*
4		*Tomaten*
1		*Stange Lauch*
2	EL	*Butter*
125	ml	*Sauerrahm*
		Prise Salz
		Pfeffer
		Muskatnuss
125	ml	*Schlagobers*
100	g	*Bergkäse*

SCHRITT 1: Koteletts klopfen, die Ränder einschneiden, mit Salz, Pfeffer würzen und mit Mehl bestäuben. Im heißen Butterfett beidseitig anbraten und in eine feuerfeste Form geben. Den Bratensatz mit Gemüsebrühe aufgießen und über die Koteletts geben. Im auf 180 °C vorgeheizten Backrohr ca. 15 bis 20 Minuten dünsten.

SCHRITT 2: Tomaten aushöhlen. Lauch in feine Streifen schneiden und in Butter dünsten. Mit Sauerrahm verfeinern und mit Salz, Pfeffer und Muskatnuss würzen. Das Lauchgemüse in die Tomaten füllen und in die Form zu den Koteletts setzen.

SCHRITT 3: Obers steif schlagen, feingeriebenen Käse darunter heben und über die Koteletts gießen. 10 bis 15 Minuten bei 180 °C ins Backrohr stellen. Abschließend die Sauce noch etwas salzen.

Schlachtpartie

Fleisch war in der „guten alten Zeit" ein rares Gut.

An hohen Festtagen wurde Fleisch gegessen, sonst eher selten. Der Ausspruch: „Besser e Lus auf dem Krut als gar kein Fleisch!" sagt alles. Und noch heute wird in Egg ein Besucher, der selten kommt, als „einer, der alle Fleischtag kunnt" bezeichnet.

Doch es gab eine Ausnahme: An einem Schlachttag gab man sich in der Völlerei hin. Die Vorarlberger Bauern schlachteten einst in der Regel nur ein Schwein im Jahr; dieses Schlachtfest fand meist um St. Gallus (16. Oktober) oder um Martini (11. November) statt. Das meiste Fleisch wurde eingesäuert bzw. geräuchert.

Nach einer Hausschlachtung wird ein besonders reichlicher Abendschmaus veranstaltet, zu dem Nachbarn, Verwandte und Bekannte eingeladen werden. Zum „Wuerschtmohl" werden vor allem selbstgemachte Würste, wie Blutwurst, besonders dicke Blutwürste, die Blunzen, Leberwurst, Bratwurst, gesottenes und gebratenes Schweinefleisch, genannt „Kesselfleisch", aufgetischt.

Der Pfarrer und Historiker Josef Grabherr (*17. 2. 1856 Lustenau, † 20. 2. 1921 Satteins), zu seiner Zeit einer der bedeutendsten Erforscher der Kulturgeschichte des Landes (Heimatkunde, kirchliche Kunst), beschrieb das Schlachtfest in Lustenau, genannt „Gusti": „Die Hausschlachtung ist ein großes Ereignis und zum abendlichen Essen werden bis zu dreißig Personen eingeladen. Essen und Trinken wird in Fülle gereicht. Verwandte, Nachbarn und Arbeitskollegen beteiligen sich daran. Speisefolge: Leberknödel-, Nudel- und Spätzlesuppe, Blutwurst mit Kraut, Speck mit Kraut, Braten mit Eierteigwaren, Salat, bis alles satt ist. Hernach bleibt die Runde bei Most und Schnaps beisammen, manchmal werden noch Spiele gemacht. Das Prunkstück der ‚Gusti' ist der Poppertanz, das ist das mit Blut gefüllte Ende des Dickdarms. Je größer er ist, je mehr Schmalz herausquillt, umso größer ist die Feststimmung, umso mehr werden Metzger, Hausvater und – Schwein gelobt."

Im Rheintal und Walgau wird die „Metzgete" als altes Erntedankfest gefeiert.

Vorarlberger Leberkäs

FÜR 4 PORTIONEN:

1/2	*kg*	*Frühstücksspeck*
1/4	*kg*	*Schweinsleber*
3		*Semmeln vom Vortag*
		Rindsuppe oder Milch zum Einweichen
2		*Zwiebeln*
2	*EL*	*Butterschmalz*
3		*Eier*
		Salz, Pfeffer
200	*g*	*Speck, hauchdünn geschnitten*

SCHRITT 1: Speck ohne Schwarte in grobe Würfel und die zugeputzte Leber ohne Stränge in Stücke schneiden. Die Semmeln in Rindsuppe oder Milch einweichen und ausdrücken. Zwiebel grob hacken und kurz in heißem Butterschmalz hell Farbe nehmen lassen.

SCHRITT 2: Alle Zutaten gemeinsam mit den Eiern vermengen, gut mit Salz und frisch gemahlenem Pfeffer würzen und in der Küchenmaschine cuttern (oder mehrmals durch den Fleischwolf drehen). Eine passende feuerfeste Auflaufform gut mit den Speckscheiben auslegen, die Fleischmasse einfüllen und in Fasson bringen. Oberfläche ebenfalls mit Speckscheiben bedecken und den Leberkäse bei 180 °C etwa 1 Stunde backen, herausnehmen und überkühlen lassen.

SCHRITT 3: Je nach Geschmack noch lauwarm oder ganz erkaltet aufschneiden und mit frischem Brot und Zwiebelsenf servieren.

Vorarlberger Alpschwein

Thorsten Probost

FÜR 2 PORTIONEN:

250 g	Alpschweinschulter auf dem Knochen
30 g	Zwiebeln
1	Stangensellerie
5	weiße Pfefferkörner
1 Bd.	Thymian
250 ml	Wasser
1/2 Bd.	Radieschen
80 g	frische Erbsen
1	kleiner Bund Kerbel
10 g	Butter
	Salz, Pfeffer
	Zitronensaft

SCHRITT 1: Das Wasser und die Gewürze in einen 3 Liter fassenden Topf geben. Das Fleisch und das Gemüse einlegen und bei 160 °C ins Rohr stellen. Ca. 2 Stunden im Rohr weich dämpfen lassen.

SCHRITT 2: Das Fleisch aus dem Sud nehmen und von Fett und Sehnen befreien, den Dämpfsud passieren. Fleisch portionieren und in den Fond legen.

SCHRITT 3: Butter in einem kleinen Topf braun werden lassen, die geviertelten Radieschen darin schwenken. Die Erbsen zugeben und mit 4 EL Dämpfsud vom Schwein ablöschen. Den fein geschnittenen Kerbel zu den Radieschen geben und mit Salz, Pfeffer und Zitronensaft abschmecken.

SCHRITT 4: Das Gemüse auf vorgewärmten Tellern anrichten, das Fleisch in der Mitte platzieren und mit dem Gemüsesaft abglänzen.

Wälderleber mit Pfifferlingreis

FÜR 4 PORTIONEN:

600	*g*	*Kalbsleber (oder zarte Schweinsleber)*
		Salz, Pfeffer
		etwas Mehl
2	*EL*	*Butterschmalz oder Butter*
150	*ml*	*Rindsuppe*
2	*cl*	*Wacholderschnaps*
100	*ml*	*Crème fraîche*
1–2	*EL*	*Preiselbeeren*

Reis:

1	*EL*	*Butter*
1		*Tasse Reis*
2		*Tassen Rindsuppe*
100–150	*g*	*Pfifferlinge*

SCHRITT 1: Die Leber zuputzen und ohne Häutchen in Streifen schneiden. Mit Salz und Pfeffer würzen und in Mehl wenden, überschüssiges Mehl dabei abklopfen. In heißem Butterschmalz kurz anbraten, herausnehmen und warm stellen. Bratenrückstand mit Suppe und Wacholderschnaps aufgießen, aufkochen lassen, Crème fraîche und Preiselbeeren einrühren und nochmals gut aufkochen lassen. Mit Salz und Pfeffer abschmecken, die Leber wieder dazugeben und kurz ziehen lassen.

SCHRITT 2: Für den Reis Butter in einer Kasserolle schmelzen, Reis darin glasig anlaufen lassen und mit Rindsuppe aufgießen. Zugedeckt bei schwacher Hitze 18 bis 20 Minuten dünsten, dabei gelegentlich umrühren. Pfifferlinge putzen, in etwas Butter andünsten und nach etwa 12 Minuten Garzeit zum Reis geben. Nochmals abschmecken.

SCHRITT 3: Leber mit dem Reis auf vorgewärmten Tellern servieren.

Fischgerichte

Fische

Fischers Fritz fischt frischen Fisch ... auch aus dem Bodensee.

Bereits aus der vorgeschichtlichen Zeit wissen wir von einer Bodensee-Fischerei. Während der Römerzeit ging die Nutzung weiter. Und auch die Alemannen haben aus dem Vollen geschöpft.

Von der Lebensbeschreibung des heiligen Gallus aus dem 7. Jahrhundert wissen wir, dass sich die Alemannen gerade wegen der Fruchtbarkeit des Landes und des Wassers neben der zerstörten Stadt Brigantium niedergelassen haben. Wie die Jagd war auch die Fischerei nicht allgemein frei. Vermutlich haben sich schon sehr früh schwäbische Grafen innerhalb ihrer Gaue und Grafschaften das Fischrecht vorbehalten, wie Franz Maier-Bruck in seinem Buch „Essen auf dem Lande" schreibt. In der Besitzbestätigung für das Kloster Mehrerau durch den Papst vom Jahre 1249 werden nach den vielen liegenden Gütern auch die Fischereirechte („piscationes") im Bodensee und im Fluss Bregenz angeführt.

Fisch zählt für die Bewohner der Bodenseeregion zu den Grundnahrungsmitteln. Besonders typisch: Felchen und „Egli", wie hier Barsche genannt werden. Auch See- oder Lachsforellen, Äschen, Hecht, Karpfen, Schleie, Zander und Trüschen tummeln sich im Bodensee.

Die Fischerei-Hochburgen sind die Gemeinden im Rheindelta (Hard, Fußach, Höchst, Gaißau). Von der Fastenzeit bis zum Herbst bringen die Fischer ihren wertvollen Fang an Land.

Spätestens im Herbst wandern die Forellen 100 und mehr Kilometer rheinaufwärts zu ihren angestammten Laichplätzen. Auch die Felchen verlassen im Spätherbst ihre Reviere. Sie sammeln sich weit draußen in den Bereichen mit der größten Wassertiefe.

Die hohe Nachfrage nach den frisch gefangenen Delikatessen kann schon lange nicht mehr allein auf natürliche Art gedeckt werden. In sieben Fischzuchtanstalten rund um den See wird kräftig nachgeholfen. Am Ober- und Untersee sind etwa 170 Berufsfischer Patentinhaber, wobei die hauptberuflich Beschäftigten meist alten Fischereigeschlechtern entstammen. Berufsfischer sind deutlich an dem auf dem Boot befestigten Seezeichen, einem weißen Ball, zu erkennen.

Die modernen Petri-Jünger verwenden heute überwiegend das Schwebnetz, wobei es sich um einfache Netzwände handelt, an deren Oberenähre in Abständen von ca. 30 m Kork- oder Plastikschwimmer hängen, an deren Schnüre je nach Tiefe des Fischstandes die Netze hängen. Die mit Blei beschwerte Unterähre - heute zum Teil unbebleit aus Kunststoff oder Gummi - setzt das Netz tief unter Wasser. Die Netze können zum Teil eine Länge von 120 m und eine Netzhöhe von 7 m erreichen. Diese werden gegen Abends gesetzt und dann tagsüber eingeholt. Kürzere Schwebnetze dürfen verankert werden.

Köstliche Spezialitäten auf den Speisekarten der Fischrestaurants sind See- und Lachsforellen, aber auch Trüschen, Seesaibling und die aromatischen Äschen.

Gebratene Bodensee-Eglifilets auf Fenchelgemüse und Spinatgnocchi

Helmut Benner

FÜR 4 PORTIONEN:

Fenchelgemüse:

2	*Fenchelknollen (ca. 500 g)*
1/2	*Gemüsezwiebel*
50 g	*Butter*
250 ml	*Weißwein*
125 ml	*Wasser oder Gemüsefond*
	Zucker
	Salz

Spinatgnocchi:

250 g	*Kartoffeln*
1	*Eidotter*
1/2 TL	*Maisstärke*
90 g	*griffiges Mehl*
1	*Hand voll roher Blattspinat*
	Salz
	Muskatnuss

SCHRITT 1: Den Fenchel putzen, Fäden abziehen und das Grüne für die Dekoration aufbewahren. Der Länge nach halbieren, den Strunk herausschneiden und grob würfeln. Die Zwiebel würfeln, in der Butter anschwitzen, den Fenchel dazugeben, mit Zucker und Salz würzen, Weißwein und Wasser oder Gemüsefond dazuschütten und weich dünsten.

SCHRITT 2: Die Kartoffeln schälen und in fest verschlossenem Topf in wenig Salzwasser im Dampf garen. Das Wasser abgießen und die Kartoffeln weitere 30 Sekunden dämpfen, bis sie trocken sind. Sofort durch die Presse drücken, mit Muskat und Salz würzen. Nach und nach das Mehl, Maisstärke, Eidotter und die gehackten Spinatblätter einarbeiten und zu einem elastischen Teig verkneten. Den Teig zu Röllchen formen, in 3 cm lange Stücke schneiden. Die Gnocchi mit einer Gabel leicht eindrücken, damit sie ihre charakteristische Form erhalten. In reichlich Salzwasser einige Minuten kochen.

Fischfond:

- **300 g** *Fischgräten*
- **1/2** *Gemüsezwiebel*
- **60 g** *Staudensellerie*
- **4** *glatte Petersiliezweige*
- **1** *Lauchstange (nur das Helle)*
- **2** *Lorbeerblätter*
- **2** *Thymianzweige*
- **5** *weiße Pfefferkörner*
- **2 TL** *Fenchel*
- **250 ml** *trockener Weißwein*
- **3** *geschnittene Knoblauchzehen*
- *Salz*
- **20 g** *Butter*

Basilikumpesto:

- **50 g** *Basilikumblätter*
- **50 g** *Blattpetersilie*
- **30 g** *Pinienkerne*
- **20 g** *fein geriebener Parmesan*
- **100 ml** *Olivenöl*
- **2 EL** *weißer Balsamico*
- *Salz, Pfeffer*

Orangensauce:

- **250 ml** *Fischfond*
- **250 ml** *frisch gepresster Orangensaft*
- **100 g** *gewürfelte kalte Butter*

Eglifilets:

- **12** *Eglifilets*
- *Salz*
- *Roggenmehl*

SCHRITT 3: Die Fischgräten unter fließendem Wasser wässern. Sellerie und Lauch putzen, waschen und grob schneiden. Die Zwiebel schälen, würfeln, mit der Butter glasig dünsten. Fischgräten, Gemüse, Kräuter und Gewürze zufügen, mit dem Wein und kaltem Wasser bedecken, aufkochen, abschäumen und bei milder Hitze 20 Minuten köcheln lassen. Immer wieder abschäumen. Danach durch ein feines Sieb/Tuch passieren.

SCHRITT 4: Alle Zutaten für das Pesto im Mixer mit der Zugabe des Olivenöls zu einer sämigen Sauce aufmixen.

SCHRITT 5: Für die Orangensauce alle Zutaten zusammen unter gelegentlichem Rühren zu einer sämigen Konsistenz einkochen. Nach Wunsch mit Salz würzen.

SCHRITT 6: Die Eglifilets leicht salzen, in Mehl wenden und hauptsächlich auf der Hautseite in heißem Olivenöl goldgelb und knusprig braten.

SCHRITT 7: Das Fenchelgemüse in der Tellermitte anrichten, die Orangensauce um das Gemüse angießen, mit dem Basilikumpesto garnieren, je 5 Gnocchi in regelmäßigen Abständen auf der Sauce im Kreis anrichten. Die Eglifilets sternförmig auf dem Fenchelgemüse platzieren und mit dem Fenchelkraut garnieren.

TIPP:

Pestosauce, die nicht gebraucht wird, kann im verschlossenen Glas im Kühlschrank 3–4 Wochen aufbewahrt werden.

Bodenseezander in Folie

FÜR 4 PORTIONEN:

1	*Bodenseezander*
	Zitronensaft
	Salz
4	*Basilikumblätter*
	Pfeffer
	Mangold
	Tomatenwürfel
	Sauerrahm

SCHRITT 1: Zander filetieren, mit Zitronensaft beträufeln, salzen und pfeffern. Jedes Filet auf ein Stück Alufolie (glänzende Seite nach oben) legen. Den blanchierten Mangold, die Tomatenwürfel und je 2 Basilikumblätter auf die Filets geben. Zuletzt noch ein wenig Sauerrahm darüber verteilen.

SCHRITT 2: Die Alufolien gut verschließen und im Backrohr bei 230 °C ca. 16 bis 18 Minuten garen. Alufolien öffnen und Schiffchen formen. Den Fisch sofort in der Folie servieren.

Scholla im Käsbett

FÜR 4 PORTIONEN:

4	*Schollenfilets*
	Salz
	Zitronensaft
	Mehl
	Butterschmalz
30 g	*Butter*
1 EL	*Mehl*
125 ml	*Sauerrahm*
250 g	*Crème fraîche*
100 g	*Tilsiter*
	Brösel

SCHRITT 1: Die Scholle salzen, säubern, in Mehl wenden und beidseitig in Butterschmalz anbraten.

SCHRITT 2: Mehl in Butter anlaufen lassen, Rahm und Crème fraîche dazugeben. Den geriebenen Käse und etwas Salz untermischen.

SCHRITT 3: Die Scholle in eine Auflaufform legen, die Sauce darüber gießen, mit Bröseln abdecken und 10 Minuten bei 180 °C überbacken.

Bodenseezander in Weißweinsauce

FÜR 4 PORTIONEN:

4	*Filets vom Bodenseezander (à 180 g)*
	Salz, Pfeffer
	Zitronensaft
	etwas Mehl
2–3 EL	*Butter*
2	*Frühlingszwiebeln*
1	*Knoblauchzehe*
1 EL	*Mehl*
200 ml	*kräftiger Weißwein (z.B. Ardetzenberger Riesling-Sylvaner)*
1–2 EL	*Crème fraîche*
	Muskatnuss
	gehackter Kerbel oder Estragon zum Bestreuen

SCHRITT 1: Zanderfilets sorgfältig entgräten, mit Salz und Pfeffer würzen und mit Zitronensaft beträufeln. In Mehl wenden und in heißer Butter beidseitig anbraten. Herausheben und warm stellen. Noch etwas Butter erhitzen und die gehackten Frühlingszwiebeln in der Pfanne hell anrösten. Gepressten Knoblauch dazugeben, mit Mehl stauben und mit Weißwein aufgießen. Langsam einreduzieren, bis die Sauce sämig ist, anschließend passieren und nochmals erhitzen. Crème fraîche einrühren und wieder einkochen lassen. Mit etwas Zitronensaft und Muskatnuss abschmecken.

SCHRITT 2: Filets auf vorgewärmten Tellern anrichten, mit der Sauce übergießen und mit gehackten Kräutern bestreuen.

TIPP:
Dazu passen heurige Kartoffeln, in Kräuterbutter geschwenkt.

Eglifilets mit Kartoffelhäufchen

FÜR 4 PORTIONEN:

600–700 g *Eglifilets, ohne Haut*
Salz, Pfeffer
Zitronensaft
etwas Mehl
2 EL *Butter oder Öl*

Kartoffelhäufchen:

1/2 kg *gekochte Kartoffeln*
3 EL *zimmerwarme Butter*
1 EL *geriebener Hartkäse*
1 *Ei*
1 *Eidotter*
Salz
Muskatnuss
1 Ei *zum Bestreichen*

Sauce:

2 EL *Butter*
2 TL *Senf*
3 *Eidotter*
125 ml *Rindsuppe*
Salz
1 EL *Hagebuttenmarmelade (oder eine andere, nicht zu süße Marmelade)*
etwas Zitronensaft

SCHRITT 1: Für die Kartoffelhäufchen die gekochten, passierten Kartoffeln mit weicher Butter, geriebenem Käse, Ei und Eidotter sowie Salz und Muskatnuss zu einem geschmeidigen Teig verkneten. Ein Backblech mit Papier auslegen, gut mit Butter bestreichen und die Masse mit Hilfe von zwei Löffeln in kleinen Häufchen darauf setzen. Mit Ei bestreichen und im vorgeheizten Backrohr bei 180 °C goldbraun backen.

SCHRITT 2: Inzwischen die Fischfilets sorgfältig entgräten, mit Salz und Pfeffer würzen, mit Zitronensaft beträufeln und etwas ziehen lassen. In Mehl wenden und in heißer Butter einige Minuten beidseitig anbraten.

SCHRITT 3: Für die Sauce in einer Kasserolle die Butter schmelzen, von der Herdplatte nehmen und Senf und Eidotter einrühren. Sofort mit Rindsuppe aufgießen, mit einer Prise Salz würzen und unter ständigem Schlagen mit dem Schneebesen bis knapp unter denSiedepunkt erhitzen, bis die Sauce schön bindet. Anschließend die Marmelade einrühren und mit Zitronensaft abschmecken.

Felchenfilets mit Apfelkrensauce

FÜR 4 PORTIONEN:

8–12	*Felchenfilets*
	etwas Butter
1	*Apfel*
125 ml	*Crème fraîche*
2 EL	*frisch gerissener Kren*
	Salz, Pfeffer
	Zitronensaft

SCHRITT 1: Die entgräteten Fischfilets salzen, pfeffern und mit Zitronensaft beträufeln. Eine feuerfeste Form mit Butter ausstreichen, die Filets einlegen, mit flüssiger Butter bestreichen und im Backrohr bei 180 °C 3 bis 5 Minuten garen.

SCHRITT 2: Inzwischen den Apfel waschen, raspeln und sofort mit Zitronensaft vermischen. Mit Crème fraîche und frisch gerissenem Kren vermengen, mit Salz und Pfeffer würzen und die Felchenfilets damit bestreichen. Im Rohr bei starker Oberhitze einige Minuten gratinieren.

Würziger Dorsch

FÜR 4 PORTIONEN:

6	*Dorschfilets*
	Salz
	Zitronensaft
50 g	*Butter*

Sauce:

40 g	*Butter*
250	*Tomaten*
200 g	*Champignons*
60 ml	*Weißwein*
2	*Knoblauchzehen*
	Petersilie
	Salz
	Dille

SCHRITT 1: Den Fisch salzen, mit Zitronensaft beidseitig marinieren, in Fett kurz anbraten und in eine Auflaufform legen.

SCHRITT 2: Die klein geschnittenen Tomaten in heiße Butter legen und gehackte Champignons dazugeben. Gepressten Knoblauch, Petersilie, Dille und Salz untermengen und mit Wein aufgießen.

SCHRITT 3: Die Sauce über den Fisch geben und bei 190 °C 20 Minuten im Backrohr überbacken.

Forelle im Wurzelbett

FÜR 4 PORTIONEN:

Pro Person:

1	*Forelle*
	Salz
	Zitronensaft
40 g	*Butter*
	Petersilie
	Schnittlauch
150 g	*Karotten*
150 g	*Zwiebeln*
	Butterflocken

SCHRITT 1: Forelle waschen, salzen und mit Zitronensaft beträufeln. Butter mit Petersilie und Schnittlauch vermischen, mit Salz und Zitronensaft abschmecken und in die Bauchöffnung füllen. Forelle in Butter auf beiden Seiten anbraten und auf eine Alufolie setzen. Das sehr fein geschnittene Gemüse um den Fisch verteilen. Butterflocken auf den Fisch geben und die Folie verschließen.

SCHRITT 2: Im vorgeheizten Backofen bei 200 °C etwa 35 Minuten garen.

Gefüllte Forellen

FÜR 4 PORTIONEN:

4	*Forellen zu je 250–300 g*
	Salz
	Zitronensaft
	Mehl
3 EL	*Butter*

Fülle:

1	*Zwiebel*
30 g	*Butter*
100 g	*Champignons*
	Petersilie
	Salz, Pfeffer
	Zitrone
	Rindsuppe
	Brösel

SCHRITT 1: Die frischen, ausgenommenen Forellen innen mit Salz und Zitronensaft würzen, in Mehl wenden und in der Pfanne beidseitig in Butter goldbraun anbraten.

SCHRITT 2: Für die Fülle die gehackte Zwiebeln in Fett anrösten, gehackte Petersilie und blättrig geschnittene Champignons zugeben, anschwitzen und in wenig Suppe schwenken. Mit Salz, Pfeffer und Zitronensaft abschmecken. Mit etwas Rindsuppe aufgießen und mit Brösel festigen.

SCHRITT 3: Die feste Füllung in die vorgebratenen Forellen geben und diese im Rohr etwa 8 bis 10 Minuten fertig braten.

TIPP:
Mit Zitronenscheiben, Petersilienerdäpfeln und grünem Salat servieren.

Saiblingsfilet gebraten auf Schwammerl-Erdäpfelgröstl

Siegfried Kröpfl

FÜR 2 PORTIONEN:

200 g	*Saiblingsfilets*
40 g	*Zwiebeln*
100 g	*Eierschwammerln*
100 g	*Erdäpfel, gekocht*
	Salz, Pfeffer
	Saft von 1/2 Zitrone
	Thymianzweig
1	*Knoblauchzehe*
	Olivenöl
	frische Kräuter
	etwas Mehl
	etwas Butter

SCHRITT 1: Saiblingsfilets mit Salz und Pfeffer würzen und mit etwas Zitronensaft beträufeln.

SCHRITT 2: In etwas Mehl wälzen und in der Pfanne mit Olivenöl braten. Thymian und Knoblauch dazugeben und ca. 5 Minuten langsam auf beiden Seiten schön goldbraun garen.

SCHRITT 3: Etwas Butter in einer Pfanne schmelzen, fein geschnittene Zwiebeln beigeben und kurz anrösten. In Scheiben geschnittene Erdäpfel hinzufügen und beidseitig goldgelb anbraten. Danach die klein geschnittenen Eierschwammerln dazugeben und gut durchrösten.

SCHRITT 4: Mit Salz und Pfeffer würzen und mit gehackten frischen Kräutern vollenden.

Trüsche mit Bärlauchsauce

FÜR 4 PORTIONEN:

2–3	*Trüschen, enthäutet*
	Zitronensaft
	etwas Mehl
2 EL	*Butter*

Sauce:

1/2	*Stange Lauch*
1 EL	*Butter*
1 EL	*Mehl*
200 ml	*Fischfond oder Fischsud*
1 Bd.	*Bärlauch*
	Salz, Pfeffer
	Zitronensaft
2 EL	*Crème fraîche*

SCHRITT 1: Trüschen gut waschen, abtupfen und in etwa 3 cm große Stücke schneiden. Mit Zitronensaft beträufeln und kurz ziehen lassen. Die Stücke in Mehl wälzen und in heißer Butter rundum anbraten; anschließend herausnehmen und warm stellen.

SCHRITT 2: Lauch fein hacken und in der Fischpfanne mit noch etwas Butter hell anrösten. Mit Mehl stauben, mit Fischfond aufgießen und ca. 10 Minuten einkochen lassen.

SCHRITT 3: Bärlauch sehr fein hacken und zur Sauce geben. Mit Salz, Pfeffer und etwas Zitronensaft abschmecken. Crème fraîche einrühren und nochmals einkochen lassen.

SCHRITT 4: Fischstücke auf vorgewärmten Tellern anrichten, etwas Bärlauch-Sauce darüber träufeln und den Rest der Sauce in der Saucière servieren.

TIPP:

Man kann die Sauce auch vor dem Servieren mit dem Mixstab pürieren.

EIN FISCH MIT VIELEN NAMEN:

Am Bodensee wird sie Trüsche genannt, in der Schweiz auch Trische oder Treische, in Österreich Rutte, süddeutsch auch Ruppe, Aalrutte, Aalquappe oder Aalraupe und norddeutsch Quappaal. Ein bis zu 1,5 m langer und 34 kg schwerer Knochenfisch, der bis zu 12 Jahre alt werden kann. Die Trüsche zählt zu unseren hervorragendsten Speisefischen.

Trüschenleber auf Apfelbett

FÜR 4 PORTIONEN:

600 g	*Trüschenleber*
	etwas Mehl
1–2 EL	*Butter oder Butterschmalz*
3	*Frühlingszwiebeln*
2	*Äpfel*
	Weißwein oder Apfelbalsamico
	Salz, Pfeffer
	Brunnenkresse zum Bestreuen

SCHRITT 1: Trüschenleber beidseitig in Mehl wenden und in heißer Butter auf beiden Seiten anbraten, anschließend herausnehmen. Frühlingszwiebeln in feine Ringe schneiden und im Bratfett anrösten, bei Bedarf noch etwas Butter dazugeben. Geschälte und entkernte Äpfel in dünne Spalten schneiden und kurz mitrösten. Mit einem Schuss Weißwein oder Apfelbalsamico aufgießen, die Trüschenleber wieder in die Pfanne geben und alles weich dünsten.

SCHRITT 2: Mit Salz und frisch gemahlenem Pfeffer würzen. Anrichten und mit Brunnenkresse bestreut servieren.

Süßes und Schmalzenes

Süßes und Schmalzenes

„Mus und Milch gitt rote Backele."

Das einfache Mus ist nicht das Lieblingsessen vieler Kinder. Darum kommt der Aufforderung zu essen, Löffel für Löffel, eine besondere Bedeutung zu. Anders verhält es sich dagegen mit den „süaßen Müser": Das Mus verfeinert mit Äpfel, Birnen, Kriase oder Zwetschken und mit Zucker und Zimt oder geriebener Schokolade gesüßt.

Vor langer Zeit sah man im köstlich gewürzten Mus noch einen Leckerbissen ganz besonderer Art, wie Franz Josef Weizenegger von einem Brauch aus dem mittelalterlichen Feldkirch berichtet: „Alle zwei bis drei Jahre lud der letzte Montforter die Knaben seiner Herrschaft in die Stadt auf die alte Fasnacht ein, sie zogen mit hölzernen Waffen, zierlichen Fähnchen und Spielleuten in Reih und Glied auf und erheiterten den alten Mann mit ihren drolligen Manieren. Es wurden hölzerne Rinnen aufgeschlagen und mit Hirsebrei, in Milch gekocht, angefüllt. Wie die Schafe beim Salze standen die Jungen umher und langten tapfer mit ihren Löffeln zu ..."

Immer gern gegessen werden Küechle. Anderswo als „Krapfa" abgetan, besitzen sie in Vorarlberg einen sehr hohen Stellenwert - und das hat seinen Grund.

Es wird überliefert, dass bei der Erbauung der Burg Tosters statt des Wassers von den Bauern so viel Milch herbeigeschafft werden musste, wie zur Bereitung des Mörtels nötig war. Andere erzählen auch von drei Handwerksburschen, die an einem Sonntagabend den Hügel zur Burg hinan gingen und auf einmal drei weißgekleidete Frauen auf sich zukommen sahen. „Luget, das sind gewiss Grenzjäger!" sagte einer zu den übrigen. Aber die weißen Gestalten kamen immer näher und den Burschen ward es unheimlich. Als schließlich die drei Frauen, jede ein goldenes Küechle in der Hand, vor ihnen standen und ihnen die Küechle anboten, da wagte keiner der Furchtsamen, sie anzunehmen und die drei Frauen verschwanden wieder. Die drei Burschen erzählten diese Geschichte im Wirtshaus zu Tisis. Zu spät bereuten sie, die Goldküechle nicht angenommen zu haben, da sie erfuhren, dass durch die Gabe ihnen zeitlebens geholfen gewesen und die Frauen dadurch erlöst worden wären. (Im Sagenwald. Neue Sagen aus Vorarlberg, Richard Beitl, 1953)

„Soll ma dir extra Küechle backe?" ist eine sehr verbreitete Redensart, die in allen Lebenslagen angewandt wird, wenn es sich um „Extrawürscht" handelt.

Das Kochen wurde durch die neuartigen Herde erleichtert. Bis zum Beginn des 19. Jahrhunderts kochte man noch über offenem Feuer. 1795 gelang es dem Grafen Rumford in München, täglich 1200 Arme mit einem unglaublich niedrigen Kostenaufwand zu verköstigen, nachdem er einen Brennmaterial sparenden Herd erfunden hatte. Später stellte er schließlich einen Herd mit einer Platte her, der die Möglichkeit bot, die Hitze ein wenig zu regulieren. Mit der regulierbaren Hitze wurde eine Revolution in der Kochkunst eingeleitet. Das Kochen kam nicht mehr einem Aufenthalt im Fegefeuer gleich, wie Reay Tannahill in „Kulturgeschichte des Essens", 1979, ironisch anmerkt. Mit dem Backrohr kamen die Aufläufe, Koche, Kuchen, Zöpfe, Honigbümmel und Zimtsternle. Beliebt wurde der Gugelhupf, der in Bregenz den Namen „Ofenkatze" bekam. Zu sehr erinnerte die Form an eine auf dem Ofen zusammengerollte schlafende Katze.

Apfelküchle – Variante 1

Franz Fetz

FÜR 10 PORTIONEN:

1	*kg*	*mehlige Äpfel*
5		*Eier*
200	*ml*	*Milch*
500	*g*	*glattes Mehl*
70	*g*	*Zucker*
2	*EL*	*Weißwein*
1	*l*	*Erdnussöl*
1		*Prise Salz*
1		*Prise Backpulver*
		Saft von 1 Zitrone
		Zimt

SCHRITT 1: Die Äpfel schälen, entkernen und in 1,5 cm dicke Ringe schneiden. Den Zitronensaft mit etwas Wasser vermischen und die Äpfelringe einlegen, damit sie nicht braun werden.

SCHRITT 2: Für den Teig Eier, Milch, Weißwein und Zucker mit dem Schneebesen vermengen. Anschließend das Mehl, Salz und Backpulver unter die Masse heben.

SCHRITT 3: Die Apfelringe aus dem Wasser nehmen, abtrocknen und in Mehl wenden, damit der Teig besser haften bleibt. Die Ringe in die Masse tauchen und in heißem Öl (150°) langsam goldbraun backen. Die frittierten Ringe auf Küchenkrepp abtropfen lassen und anschließend in Zimt-Zucker wenden.

SCHRITT 4: Die Ringe noch warm mit Vanilleeis servieren.

Apfelküechle – Variante 2

FÜR 4 PORTIONEN:

3	*große säuerliche Äpfel*
	Saft von 1 Zitrone
	Apfelbrand
	Zucker
	Zimt
150–200 g	*Mehl*
200 ml	*Weißwein*
1	*Eidotter*
1 EL	*Butter*
	Zucker
2	*Eiklar*
	Salz
	Butterschmalz oder Öl
	Zimtzucker zum Bestreuen

SCHRITT 1: Äpfel schälen und die Kerngehäuse so ausstechen, dass die Äpfel ganz bleiben. In Ringe schneiden und sofort mit Zitronensaft und Apfelbrand beträufeln. Zucker und Zimt darüber streuen und etwas ziehen lassen.

SCHRITT 2: Mehl mit Weißwein, Eidotter, zerlassener Butter und etwas Zucker glatt verrühren. Eiklar mit einer Prise Salz steif schlagen und unterziehen. In einer großen Pfanne reichlich Butterschmalz oder Öl erhitzen, die Apfelscheiben einzeln durch den Teig ziehen und schwimmend im heißen Fett goldgelb backen. Herausheben und gut abtropfen lassen. Mit Zimtzucker bestreut servieren.

Biestkuchen

FÜR 4 PORTIONEN:

500 g	*Mehl*
100 g	*Zucker*
Prise	*Salz*
500 ml	*Biestmilch (Erstmilch der Kuh, nach dem Kälbern)*
1 Pkg.	*Germ*
	Fett für die Form

SCHRITT 1: Aus wenig Mehl, Milch und zerbröselter Germ ein Dampfl zubereiten, mit Mehl dicht bestäuben und gehen lassen. Dann mit dem restlichen Mehl, Zucker einer Prise Salz und der lauwarmen Milch zu einem Germteig verarbeiten und wieder gehen lassen.

SCHRITT 2: In eine gefettete Kuchen- oder Gugelhupfform füllen und nochmals kurz gehen lassen. Dann bei mittlerer Hitze im Rohr backen.

SCHRITT 3: Man kann in den Teig auch Anis oder vorgekochte, kleingeschnittene gedörrte Birnenstückchen dazugeben.

Wälder Polsterzipf

FÜR 4 PORTIONEN:

1/2 kg	*Mehl*
1	*Ei*
	Salz
80 g	*Butter*
	etwas Milch
	Fett zum Frittieren

SCHRITT 1: Mehl, Salz, Ei, weiche Butter und lauwarme Milch zu einem Teig verarbeiten. Den Teig an einem warmen Ort 30 Minuten rasten lassen, ausrollen und in kleine Rechtecke radeln.

SCHRITT 2: Im heißen Fett schwimmend goldgelb herausbacken.

SCHRITT 3: Die Polsterzipf auf einer Platte anrichten, mit Staubzucker bestreuen.

Birekuchen

FÜR 4 PORTIONEN:

1/4	*kg*	*Butter*
200	*g*	*Zucker*
1	*Pkg.*	*Vanillezucker*
5		*Eier*
150	*g*	*geriebene Haselnüsse*
1/4	*kg*	*Mehl*
2	*TL*	*Backpulver*
		Zimt
1–2	*EL*	*Kakaopulver*
		etwas Butter für die Form
3/4	*kg*	*Birnen*
		Zuckerwasser

Streusel:

50	*g*	*Butter*
180	*g*	*Mehl*
1	*Pkg.*	*Vanillezucker*
100	*g*	*Kristallzucker*
		Zimt

SCHRITT 1: Butter mit Zucker und Vanillezucker schaumig rühren. Eier nach und nach dazugeben und ebenfalls schaumig rühren. Haselnüsse, mit Backpulver vermischtes Mehl sowie etwas Zimt und Kakaopulver untermengen. Masse in eine gebutterte Kastenform füllen.

SCHRITT 2: Birnen schälen, entkernen und in Spalten schneiden. Kurz in siedendem Zuckerwasser pochieren und abtropfen lassen. Mit den Schnittflächen nach oben auf dem Teig verteilen.

SCHRITT 3: Für den Streusel Butter rasch mit Mehl, Vanille- und Kristallzucker sowie einer kräftigen Prise Zimt zwischen den Fingern zerbröseln und über die Birnen streuen.

SCHRITT 4: Den Kuchen bei 180 °C etwa 55 bis 65 Minuten backen. Nach dem Herausnehmen überkühlen lassen.

TIPP:
Die Birnen können auch durch andere Saisonfrüchte ersetzt werden, wie Äpfel, Zwetschken oder Kirschen.

Gefüllte Bratäpfel

FÜR 4 PORTIONEN:

4		*Äpfel*
2	*EL*	*Zitronensaft*
100	*g*	*Walnüsse*
20	*g*	*Butter*
2	*EL*	*Honig*
1	*Pkg.*	*Vanilleeis*
2	*EL*	*Zimt*
250	*ml*	*Schlagobers*
2	*EL*	*Staubzucker*

SCHRITT 1: Äpfel waschen und trocken reiben, halbieren und das Kerngehäuse entfernen. Mit Zitronensaft beträufeln.

SCHRITT 2: Walnüsse vierteln und mit Butter und Honig in einer Pfanne karamellisieren. Die vorbereiteten Apfelhälften auf ein Blech setzen und im auf 200 °C vorgeheizten Backrohr 10 bis 15 Minuten braten.

SCHRITT 3: Obers steif schlagen. Vanilleeis mit gemahlenem Zimt cremig rühren. Bratäpfel aus dem Rohr nehmen, in die Vertiefung Zimteis portionieren und heiße Nüsse darüber streuen. Mit geschlagenem Obers dekorieren.

SCHRITT 4: Den angerichteten Dessertteller mit etwas Staubzucker bestreuen.

Bachene Müs

FÜR 4 PORTIONEN:

300	*g*	*Mehl*
20	*g*	*Germ*
30	*g*	*Butter*
30	*g*	*Zucker*
		Salz
125	*ml*	*Milch*
1		*Ei*
1	*TL*	*Rum*
20	*g*	*Rosinen*
		Fett

SCHRITT 1: Alle Zutaten gründlich zu einem weichen Hefeteig verkneten.

SCHRITT 2: Fett erhitzen. Mit einem Löffel Nockerln aus dem Teig stechen und im Fett goldgelb herausbraten.

SCHRITT 3: Mit Staubzucker bestreut servieren.

TIPP:
Dazu schmeckt ein Glas kalte Milch.

Nougatmousse mit Pflaumengelee

Bernhard Hochkogler

FÜR 4 PORTIONEN:

1	*Ei*
1	*Eidotter*
2	*Blatt Gelatine*
4 cl	*Rum*
125 g	*Nougat*
30 g	*Schokolade*
300 ml	*Schlagobers*

Pflaumengelee:

200 ml	*Pflaumensaft*
3	*Blatt Gelatine*
50 ml	*Prosecco*
30 g	*Zucker*

SCHRITT 1: Für die Nougatmousse Ei und Eidotter mit Rum über Dampf aufschlagen, zerlassenen Schokolade, Nougat und eingeweichte Gelatine unterrühren, überkühlen lassen. Obers steif schlagen und unterheben. Die Mousse 5–6 Stunden im Kühlschrank kalt stellen.

SCHRITT 2: Die Zutaten für das Gelee vermengen, auf ein Blech gießen und fest werden lassen. Kleine Cannelloni daraus formen und mit der Nougatmousse füllen.

Topfennougatknödel

FÜR 4 PORTIONEN:

50 g	*Butter*
160 g	*Topfen*
1 EL	*Staubzucker*
1	*Ei*
50 g	*Brösel*
	Salz, Rum
	Orangen- und Zitronenschale
10 Stk.	*Nougatwürfel*

SCHRITT 1: Die Butter mit dem Ei und dem Staubzucker schaumig schlagen. Topfen, Salz, Rum, Orangen- und Zitronenschale und Brösel untermischen. Die Masse 1 Stunde rasten lassen.

SCHRITT 2: Aus dem Teig Knödel formen, mit den Nougatwürfeln füllen und im heißen Wasser ca. 10 Minuten schwach köcheln lassen.

Blätterteig-Nusstascherl

FÜR 4 PORTIONEN:

100 g	*Blätterteig*
100 ml	*Milch*
60 g	*Zucker*
40 g	*Butter*
160 g	*geriebene Nüsse*
1	*Ei*
20 g	*Brösel*

SCHRITT 1: Geriebene Nüsse kurz in einer Pfanne anrösten, die Milch aufkochen und die gerösteten Nüsse untermischen. Butter mit Ei und Zucker schaumig schlagen und die abgekühlten Nüsse und die Brösel untermengen.

SCHRITT 2: Blätterteig in Quadrate schneiden, mit der Nussmasse füllen und Tascherln formen. Im Rohr bei Umluft ca. 10–12 Minuten backen.

Funkesunntig = Funkensonntag

Dr Funkesunntig isch dr erschte Sunntig noch'm Aschermittwoch.

In Vorarlberg wird am Funkasunntig dr Funka abbrennt, i dr Regl en fünf bis zehn Meter hoha Holzhufa, der ufem Spitz mit aner Hex zur Wintrvrbrennung krönet isch. Die Funkahufa werand kunstvoll ufgstaplat.

Der erste Sonntag nach Aschermittwoch wird als Funkensonntag bezeichnet, also der erste Fastensonntag. An diesem Tag endet die alte Fastnacht. Der Funkensonntag erhielt seinen Namen von dem Brauch des Funkenabbrennens, der im schwäbisch-alemannischen Raum (Vorarlberg, Schweiz, Allgäu, Oberschwaben, Schwarzwald) sowie im Tiroler Oberland und Vintschgau verbreitet ist und an diesem Tag begangen wird. In Vorarlberg wird der Funkensonntag auch als Holepfannsonntag oder Küachlesonntag bezeichnet.

Bis der Funken angezündet werden kann, sind einige Vorbereitungen zu treffen. In Vorarlberg wird diese Arbeit vielerorts von einer Funkenzunft übernommen. Am Faschingsdienstag wird die Funkentanne geschlagen. (In manchen Teilen Vorarlbergs kann die Länge bis zu 30 Meter betragen!). Am Samstag vor dem Funkensonntag wird mit dem Aufbau des Funkens begonnen. Ist der Funken errichtet, wird am Geäst der Funkentanne eine lebensgroße Stoffpuppe, die sogenannte Funkenhexe, befestigt. Im Bauch der Hexe befindet sich oft Schießpulver.

Bei Anbruch der Dunkelheit wird der Funken entzündet. (In manchen Gegenden Vorarlbergs wird am Nachmittag bereits der Kinderfunken abgebrannt). Erreichen die Flammen die Hexe, explodiert diese auf Grund des Schießpulvers mit einem heftigen Knall.

Der älteste Beleg für den am Funkensonntag stattfindenden Feuerbrauch stammt aus einem lateinischen Brandbericht des Benediktinerklosters Lorsch aus dem Jahr 1090. Laut Bericht wurde der Brand des Klosters durch eine brennende Holzscheibe entfacht, den die Burschen am Abend des 21. März 1090 geworfen hatten. Weitere Belege aus dem 15. Jahrhundert (Basel) sowie des 16. und 17. Jahrhunderts (Luzern, Bregenz, Innsbruck, ...) zeigen die einstige Verbreitung des Brauchs. Erst mit der Aufklärung wurde er zurückgedrängt. Die Verbrennung einer Hexenpuppe auf dem Funken ist übrigens nicht ein Rest der schrecklichen Hexenverbrennungen der frühen Neuzeit, sondern vermutlich erst im 19. Jahrhundert in Anlehnung an die Fastnacht entstanden. Nach dem Ersten Weltkrieg ließ der Brauch des Funkenabbrennens stark nach. Auf Grund des allgemeinen Holzmangels war er sogar einige Jahre verboten.

Verschiedenste Erklärungen deuten den Funkensonntag als Relikt eines germanischen Frühlingskultes bzw. eines heidnischen Neujahrsfestes. Diese Erklärung ist jedoch wissenschaftlich nicht haltbar. Die heidnische Interpretation des Brauchs lässt Überlieferung, Termin des Brauchs oder das in manchen Orten stattfindende Rügeverfahren (v. a. Scheibenschlagen) völlig außer Acht. Das Abbrennen des Funkens steht vielmehr in engen Zusammenhang mit der Fastnacht. Außerdem diente der Funken zur Verbrennung von Unrat (noch heute werden alte Christbäume in den Funken geworfen) und hatte somit einen überaus profane Funktion, die in Verbindung mit der Frühjahrsreinigung des Hauses und der Wiesen stand.

In den letzten Jahren wurde das Funkenabbrennen in Vorarlberg zum „klassischen Landesbrauch" hochstilisiert. Diese Identitätsstiftung des Brauchs ging sogar so weit, dass nach Wien gezogene Vorarlberger auf der „Himmelwiese" in Wien jedes Jahr einen Funken abbrennen.

Andere „Aufgaben und Gesetze" hatte der Brauch im Kleinwalsertal (www.brauchtumsseiten.de).

„Guurasche bached Chüachle", sagt ein altes Sprichwort - und dieses konnte früher mitunter wörtlich genommen werden. Courage brauchten beide Seiten, sowohl die Jungfrau, welche die Chüachle gebacken hat, als auch der Nachbar, der dem Geruch nachgehend, mit ausgedachten Kniffen die duftende Schüssel entführen wollte. In den Abendstunden brauchte es dann nochmals Schneid, um den Funkenschnaps oder den Funkenliter zu stibitzen. Wie schon bei den „Schpiillüüt", der wichtigsten Faschingsveranstaltung vermerkt, kamen die genannten Pärchen am Funkensonntag noch einmal zum Zuge. Nach dem Vormittagsgottesdienst traf man sich beim Dorfwirt, der seinen Gästen als sogenannte Jahresgabe Funkenschnaps und Funkenküchle servierte.

Auch die Mädchen haben „Fonkachüachle" gebacken, die aber schon tagsüber manchmal unerwünschte Abnehmer fanden und entführt wurden. So hatten sie nicht nur den Spott, sondern mussten nochmals ein Quantum nachbacken, damit der auf den Abend erwartete Besuch auch noch zu seinem „Sächle" kam.

Der Faasnachtkärle, also der aktive Fastnachttänzer, kam am frühen Abend zum Dorfwirt und fasste einen Liter Wein aus. Den trug er an einer Schnur über die Schulter zu „seinem Mensch". Andere schneidige Burschen versuchten nun, ihm die Flasche abzujagen. Dabei kam es oft zu recht derben Auseinandersetzungen und zum mutigen Versuch eines „Hosalupfes". Da wurde dann so manches Bürschlein, das noch nicht einmal den „Schnuuz", das Reifezeugnis unter der Nase trug, „uusghooba" und musste den Mädchenbesuch auf eine ruhigere Zeit als den Funkensonntag oder Ostermontag verlegen. Der ersehnte Besuch „ihres Kerles" zählte für die junge Walserin zu den schönen Nachfreuden und es war oft ihr sehnlichster Wunsch, dass diese neue Bekanntschaft auch weiterhin blühen soll. Dieser Bursche wurde gerne eingelassen, er war auch der erste, der den hinterm Ofen gärenden Funkenschnaps probieren durfte und bestens bewirtet wurde. Bei diesem offiziellen „z Hängert goo" erhielt der „Faasnachtkerle" für die erwiesene „Spiillüütbewirtig" ein schönes Geschenk. Es war meist ein weißes Hemd, eine Uhrenkette, eine Krawatte oder ein zierlicher Stammkrug, was man als „Faasnachtchroom" bezeichnete und den er dann mit Stolz

seinen Freunden zeigte. Andere Neider, oftmals aber nur der Gaudi halber, kamen ebenfalls zum Kammerfenster der Jungfrau und bettelten auch um eine Gabe. Das war dann das sogenannte „Schnapsbättla".

Der Funkensonntag, aber ebenso auch der Ostermontag, war also früher einmal ein wichtiger Termin eines jeden jungen Walsers. Nach alter Überlieferung gingen die Burschen an diesem Abend zu den Mädchen „zum Schnapsbättla". Auf die oft wirklich herzerbärmlichen Gesänge mit dem „Schpraachverkeera", wie „Jöngferle, Jöngferle, gib mir au as Schnäpsle", wurde so manches Fensterlein geöffnet. Der fröhliche Plausch wurde allerdings durch andere Nachtbuben gestört, besonders wenn diese aus den Nachbarorten waren. Am anderen Tag war es der Stolz der „Heimkehrer", wer mehr Schnapsbolla aus seiner Hosentasche aufzeigen konnte.

Der Schnaps, den die Jungfrau an diesen Tagen den Besuchern ausschenkte, war aber kein normaler Obstler oder Enzianer, nein da gab es nur den „Bollaschnaps" - und der hatte es in sich! Die Mädchen haben den Bollaschnaps schon einige Wochen vorher angesetzt, das heißt die Früchte mussten den Alkohol so richtig „uufgsuuged haa".

Altes Rezept für Bollaschnaps

„Man nehme – eine erkleckliche Zahl gedörrter Chriase (Kirschen), eine ziemliche Handvoll Weinbeeren, mehrere Zimtstengel, etliche Quint Nelken und noch mehr gestoßenen Zucker, mache nach Sonnenuntergang (und am besten in einem Feuerzeichen!) einen kräftigen Absud von etwa dreiviertel Liter Extrakt und gieße schließlich ein gutes Viertel Obstbranntwein hinzu. Das ganze dann ein paar Wochen hinter dem Ofen gären lassen, soll gar begehrt sein, doch ist erhöhte Wachsamkeit vor Diebsgefahr rätlich. So ein köstlich Tränklein, zur gewissen Stund und mit lieblichem Gedächtnis gebrauet, soll an bestimmten Kalendertagen ausgeschenkt, gar manchem Mägdelein zu einem Männlein verholfen haben."

Literaturnachweis:
Gapp, Hans: Alpenbräuche, Innsbruck 1994
Johler, Reinhard: Die Formierung eines Brauches. Der Funken- und Hohlepfannsonntag in Vorarlberg (Veröffentlichung des Inst. f. Volkskunde, Wien, Bd. 19) Wien 2000

Funkenküachle

FÜR 4 PORTIONEN:

500 g	*Mehl*
125 ml	*Milch*
30 g	*Germ*
2	*Eier*
80 g	*Zucker*
70 g	*Butter*
	Salz
	Fett zum Frittieren
	Zimt
	Zucker

SCHRITT 1: Die Germ mit etwas lauwarmer Milch vermengen und kurz gehen lassen. Den Zucker und das Mehl mischen, eine Mulde in der Mitte formen. Die Germ in die Mulde geben, mit etwas Mehlgemisch vermengen und 30 Minuten gehen lassen.

SCHRITT 2: Die weiche Butter, Eier, die restliche lauwarme Milch und etwas Salz dazugeben. Alles gut verkneten, bis der Teig Blasen wirft. Abgedeckt an einem warmen Ort 1 Stunde gehen lassen.

SCHRITT 3: Handteller-große Stücke abschneiden, Kugeln formen und auf ein mit Mehl bestreutes Brett legen. Etwas flach drücken und nochmals 30 Minuten gehen lassen.

SCHRITT 4: Den Teig unter Drehen von der Mitte her nach außen ziehen, damit sich ein dicker Rand bildet und in der Mitte der Teig hauchdünn wird. Die Küachle nun sofort in heißem Fett schwimmend herausbacken. Abtropfen lasssen, mit Zimt und Zucker bestreuen und heiß servieren.

Ofenkatze

FÜR 4 PORTIONEN:

30 g	*Germ*
3 EL	*Zucker*
100–150 ml	*Milch*
400 g	*Mehl*
3–4 EL	*Butter*
1	*Ei*
2	*Eidotter*
	Zitronenschale
	Vanillezucker
150 g	*gemischtes Dörrobst*
	etwas Rum
50 g	*Nüsse*
	Butter zum Ausstreichen der Form

SCHRITT 1: Das Dörrobst in Rum einweichen. Aus Germ, 1 EL Zucker, lauwarmer Milch und etwas Mehl ein Dampfl zubereiten und an einem warmen Ort rasten lassen. Butter mit dem restlichen Zucker aufschlagen, Ei und Eidotter einrühren und mit geriebener Zitronenschale und Vanillezucker verfeinern. Die Eimasse mit dem Mehl und dem Dampfl zu einem geschmeidigen Teig verarbeiten und an einem warmen Platz zugedeckt gehen lassen.

SCHRITT 2: Dörrobst und Nüsse klein schneiden und in den gegangenen Teig einarbeiten. In eine gut ausgebutterte Form füllen und nochmals rasten lassen. Anschließend mit flüssiger Butter bestreichen und im vorgeheizten Backrohr bei 180 °C je nach Größe der Form 30 bis 45 Minuten goldgelb backen.

TIPP:
Das Dörrobst kann auch durch frische Früchte ersetzt werden.

Scheiterhaufen mit Zopfbrot

Nina und Werner Sotriffer

FÜR 4 PORTIONEN:

800 g	*Zopfbrot*
30 ml	*warme Milch*
4	*Äpfel (z. B. Boskop)*
	Zimtzucker (2 EL Zucker, 1/2 TL Zimt)
80 g	*Butterschmalz*

Eierguss:

1	*Ei*
125 ml	*lauwarme Milch*
20 g	*Zucker*
	Staubzucker zum Bestäuben

SCHRITT 1: Das Zopfbrot in 0,5 cm dicke Scheiben schneiden, nebeneinander anordnen und mit der warmen Milch leicht benetzen.

SCHRITT 2: Die Äpfel schälen, vierteln, das Kerngehäuse entfernen und die Apfelspalten in 0,5 cm dicke Scheiben schneiden.

SCHRITT 3: Eine feuerfeste Form mit weicher Butter ausstreichen und mit Zimtzucker ausstreuen.

SCHRITT 4: Etwas Butterschmalz erhitzen und die Zopfbrotscheiben auf beiden Seiten goldgelb backen. Auf Küchenpapier abtropfen lassen. Die Apfelscheiben ebenfalls in Butterschmalz goldgelb braten.

SCHRITT 5: Den Backofen auf 200 °C vorheizen. Die Zutaten für den Eierguss verquirlen. Beginnend mit Zopfbrot abwechselnd Apfel- und Zopfbrotscheiben in die Form schichten. Mit einer Schicht Zopfbrot abschließen und mit dem Eierguss auffüllen. Die Form mit Alufolie verschließen und 20 Minuten backen.

SCHRITT 6: Alufolie entfernen, den Scheiterhaufen mit Staubzucker bestäuben und unter dem Grill hellbraun glasieren.

SCHRITT 7: Separat Vanillesauce dazu servieren.

Schenkele

FÜR 4 PORTIONEN:

160 g	Zucker
120 g	Butter
6	Dotter
	Zitronenschale
	Rum
500 g	Mehl
	Fett
	Zimt
	Zucker

SCHRITT 1: Die Butter und den Zucker schaumig schlagen. Dotter, Zitronenschale und Rum dazugeben. Das Mehl zugeben und auf einem Brett rasch zusammenkneten.

SCHRITT 2: Aus dem Teig fingerlange und fingerdicke Nudeln formen und im heißen Fett goldbraun backen.

SCHRITT 3: Mit Zimt und Zucker bestreut servieren.

TIPP:
Schenkele schmecken warm und kalt!

Schokoguetsle

FÜR 4 PORTIONEN:

3	Eier
3 EL	Semmelbrösel
2 cl	Rum
5 EL	Zucker
100 g	Mandeln
100 g	geriebene Schokolade

SCHRITT 1: Die Eier trennen, die Semmelbrösel mit Rum tränken.

SCHRITT 2: Eiklar zu steifem Schnee schlagen, anschließend Zucker, Mandeln, Schokolade, getränkte Semmelbrösel und die versprudelten Eidotter unterrühren und zu einer kompakten Masse verarbeiten. Backblech mit Papier auslegen oder gut befetten und mit Mehl bestauben. Mit Hilfe von zwei Löffeln kleine Häufchen darauf setzen und im vorgeheizten Backrohr bei 160 °C etwa 15 Minuten backen. Überkühlen lassen und in kleine Papiermanschetten setzen.

Topfenknödel

FÜR 4 PORTIONEN:

250 g	*Weißbrot*
90 g	*Butter*
90 g	*Staubzucker*
15 g	*Vanillezucker (oder Mark von 1 Vanilleschote)*
3	*Eidotter*
3	*Eier*
1	*Zitrone*
1	*Orange (jeweils unbehandelt)*
	Salz
800 g	*Topfen*

SCHRITT 1: Butter mit Staubzucker und Vanillezucker (oder Vanillemark) schaumig rühren, bis die Masse weißlich ist. Nach und nach Dotter und ganze Eier unterrühren. Salz, Orangen- und Zitronenschale dazugeben. Weißbrot entrinden, zerkleinern und unterheben, Topfen unterrühren. Im Kühlschrank mindestens 1 Stunde ruhen lassen.

SCHRITT 2: Aus der Masse Knödel formen und auf ein mit Semmelbrösel bestreutes Blech legen. Wasser aufkochen lassen. Zitrone und Orange vierteln und dazugeben. Knödel ins Wasser legen und nur mehr wallen lassen, nicht mehr aufkochen. Sobald die Knödel oben schwimmen, herausnehmen und in Butterbrösel servieren.

TIPP:
Sie können die Knödel auch mit einem Stück Nougat füllen; der Nougat sollte dafür vorher eingefroren werden.

Weihnachtsflädle

FÜR 4 PORTIONEN:

Teig:

80–100 g	*Mehl*
150–200 ml	*Milch*
2	*Eier*
	Salz
1 EL	*Öl*
	Butter

Fülle:

250 ml	*kräftiger Rotwein*
	Zimt
	Zucker
150 g	*geriebener Lebkuchen*
2 EL	*geriebene Schokolade*
	Staubzucker

SCHRITT 1: Aus Mehl, Milch, Eiern, einer Prise Salz und Öl einen dünnflüssigen Palatschinkenteig anrühren. In heißer Butter Palatschinken (= Flädle) backen und anschließend warm stellen.

SCHRITT 2: Für die Fülle den Rotwein mit Zucker und Zimt kurz aufkochen lassen. Auf schwächere Hitze schalten, geriebenen Lebkuchen und Nüsse einmengen und zu einem dicklichen Brei einkochen lassen. Vom Herd nehmen und Schokolade unterrühren. Die Flädle mit der Masse bestreichen und zusammenrollen. Vor dem Servieren mit Staubzucker bestreuen.

Wespennest

FÜR 4 PORTIONEN:

350 g	*Mehl*
120 g	*Butter*
2	*Eidotter*
100 ml	*Sauerrahm*
1 EL	*Zucker*
1	*Prise Salz*
2 EL	*Semmelbrösel*
1 kg	*Sauerkirschen*
200 g	*Zucker*
1	*Vanilleschote*
100 g	*Nüsse*
1	*Eiweiß*
50 g	*Vanillezucker*
1	*Zitrone*

SCHRITT 1: Das Mehl mit der Butter verrühren, dann die Dotter, Sauerrahm, Zucker und Salz zufügen. Gut durchkneten, den Teig halbieren und über Nacht im Kühlschrank ruhen lassen. Dann ausrollen, auf das Backblech legen und mit Semmelbröseln bestreuen. Die Weichseln entsteinen, mit geriebener Zitronenschale und Vanillezucker vermischen und auf dem Teig verteilen. Mit gehackten Nüssen, Zucker und weiteren Semmelbröseln bestreuen.

SCHRITT 2: Den restlichen Teig ausrollen, auflegen, mit Eiweiß bestreichen und mit grob gehackten Nüssen bestreuen. Bei 180 °C etwa 30 Minuten goldgelb backen.

Zopfbrot

FÜR 2 GROSSE ZÖPFE:

1 kg	*Weizenmehl*
100 g	*Zucker*
50 g	*Germ*
500 ml	*Milch*
3	*gestrichene EL Salz*
2	*Eier*
100 g	*Butter*
	Butter für das Backblech
	Prise Salz
1	*Ei zum Bestreichen*

SCHRITT 1: Aus wenig Mehl, Zucker, zerbröselter Germ und etwas lauwarmer Milch ein Dampfl zubereiten. Sobald es Blasen wirft, mit den übrigen Teigzutaten gut vermischen und etwa 15 Minuten zu einem festen Teig verkneten. Bei Bedarf etwas Milch dazugeben. Den Teig zugedeckt so lange gehen lassen, bis er doppelt so groß ist. Anschließend noch einmal gut durchkneten und wieder gehen lassen.

SCHRITT 2: Den gegangenen Teig halbieren und jede Hälfte in je drei Teigstücke schneiden. Diese zu sechs Rollen formen und zwei große Zöpfe flechten. Auf ein gut befettetes Backblech legen und noch einmal zugedeckt gehen lassen.

SCHRITT 3: Das Ei aufschlagen und mit einer Prise Salz versprudeln. Die Zopfbrote damit bestreichen und im vorgeheizten Rohr auf der untersten Schiene bei 175 °C etwa 40 Minuten backen.

Zwetschgaröasta

FÜR 4 PORTIONEN:

1 kg	*frische, nicht zu reife Zwetschken*
150 g	*feiner Zucker*

SCHRITT 1: Die Zwetschken waschen, halbieren und entsteinen. Zusammen mit Zucker in einen Topf geben und unter Rühren zum Kochen bringen.

SCHRITT 2: Die Temperatur zurückdrehen und unter häufigem Rühren das Zwetschkenkompott weich kochen.

SCHRITT 3: Auskühlen lassen und zu den Knödeln servieren.

TIPP:
Die Zwetschken sollen noch einen Biss haben und nicht zu Mus verkochen.

Most

Wenn es ein echtes und einheimisches Getränk gibt, dann ist das der Ländle Saft – direkt gepresst, naturtrüb oder klar.

„Most ischt halbe Koscht" heißt es ...

Die Erzeugung von Most – in Vorarlberg meint man damit vergorenen oder unvergorenen Fruchtsaft – hat hier eine uralte Tradition. Das kommt nicht von ungefähr, ist doch die Kulturlandschaft vor allem in den Tallagen von Rheintal und Walgau durch weite Streuobstbestände geprägt. Most war durch Jahrhunderte – neben Wasser – das Hauptgetränk der früher vorwiegend landwirtschaftlichen Vorarlberger Bevölkerung.

Der aus der Birne gewonnene Most wurde bereits bei den Kelten als Cider, bei den Germanen als „lith" und schließlich bei den Römern als „mustum" getrunken und geschätzt.

In der Barockzeit hat man nicht nur den Most selbst als gesunden, kräftigen Trank, sondern auch die Pracht der blühenden Bäume gewürdigt. Der Most war eine echte Konkurrenz für den Wein und das Bier. Solange der Walgau ein Weinbaugebiet war, war die Mosterzeugung gesetzlich verboten gewesen, um alle Verfälschungen des Weines zu verhindern. Damals wurde sehr viel Most gepresst und eine Verordnung über die Neupflanzung von Baumalleen zur Zeit Maria Theresias vergrößerte den Mostbirnbaumbestand um ein Vielfaches. In Vorarlberg wurde immer Mischmost bevorzugt, also ein Most aus Birnen und Äpfeln. Daher haben Most und frisch gepresster Fruchtsaft („Süßmost", „Süßer Saft") auch immer wieder einen anderen Geschmack – der eine schmeckt mehr nach Birnen, der andere nach Äpfeln, mal ist er süß, mal säuerlicher – je nach Mischung und Ernte.

Von alters her erfolgt (jährlich) eine Sortenbestimmung: So gibt es gibt ein Verzeichnis der besten Apfel- und Birnensorten vom Februar 1897! Bis zu 30 Prozent können dabei nicht bestimmt werden. Unter den erkannten finden sich Apfelsorten wie: Brentewinar, Zenteler, Gravensteiner, Prinzenapfel, Maschansker, Pariser Moriker, Champagner Renette, Danziger Kantapfel ... und Birnensorten wie: Konstanzer Längler, Speckbirne, Rote Pichlbirne, Augsburger Birne, Rommelterbirne (Schafbirne), Stuttgarter Geißhirtle, Clapps Liebling, Herzogin Elsa, Gute Graue, Gräfin von Paris ...

In den letzten Jahren erfährt Most wieder eine kleine Renaissance. Es sind nicht die großen Safthersteller, die verstärkt mit Most auf den Markt kommen, sondern viele kleine Gartenbesitzer und Landwirte, die für sich selbst Most als Haustrunk produzieren.

Die Vorarlberger Landwirtschaftskammer bemüht sich, dem Most zu jenem Stellenwert zu verhelfen, der diesem Produkt zusteht. Ausdruck dieser Anstrengungen ist etwa das Qualitätsgütesiegel für Vorarlberger Most. (Quelle: Landwirtschaftskammer Vorarlberg, Gtm. Gebhard Bechter)

Kein Wunder also, dass in der Gastronomie immer mehr Most angeboten wird, vor allem zu den deftigen Gerichten der traditionellen Vorarlberger Hausmannskost. Aber auch neue Kreationen werden geschaffen wie Mostterrine, Mostschaumsüppchen oder raffinierte Desserts - es ist für jeden Geschmack etwas ganz Besonderes dabei!

Most in aller Munde

Wer Most verstehen will, muss seine Geschichte kennen, ihn riechen, kosten und schmecken. Seit kurzem kann man sich beim Ländlichen Fortbildungsinstitut (LFI) sogar zum Mostsommelier ausbilden lassen. „Die Ausbildung zum Mostsommelier ist in meinen Augen für unsereins Pflicht – denn jeder Mostproduzent ist nur so gut wie sein Gaumen", meint Hans Hiebl, und er sollte es schließlich wissen. Denn Hans Hiebl, vulgo Hansbauer, ist Primus der Mostbarone und somit ranghöchster Bewahrer der verfeinerten Mostkultur Österreichs. Die Wahl der passenden Mostbegleitung zu den unterschiedlichen Speisen ist eine Wissenschaft für sich. Viele innovative Gastronomen bieten für ihre Gäste bereits Mostkulinarien an, bei denen sie nicht nur mit Most kochen, sondern das fruchtige neue In-Getränk auch zu den einzelnen Gängen servieren. Mostsommeliers treten hierbei als Berater auf, leiten und begleiten diese kulinarischen Veranstaltungen.

Und, wenn Sie schon immer einmal wissen wollten, „Wo dr Bartl de Moscht holt"..., dann lesen Sie die Erklärungen von Wulf-Otto Dreessen, Dozent für Germanistik und Mediavistik, Uni Stuttgart: „Es gibt drei interessante Erklärungen. Eine bezieht sich auf eine lokale Anekdote, nämlich auf einen Schultheiß aus Heilbronn im dreizehnten Jahrhundert, der sich auf billige Weise aus dem Rathaus Keller mit Wein versorgte. Da die Redensart nicht nur im Heilbronner Raum oder überhaupt nicht nur im Schwäbischen, sondern sehr viel weiter darüber hinaus verbreitet ist, ist das wahrscheinlich nicht die richtige Erklärung. Eine bessere Erklärungsmöglichkeit bietet der 24. August, das ist der Bartholomäustag. Zu diesem Termin kann man schon ganz gut absehen, wo es reife Trauben oder Mostobst geben wird, so dass der Most gelingt.

Und eine dritte Erklärungsmöglichkeit ergibt sich daraus, dass die beiden Wörter ‚Bartl' und ‚Most' auch Entstellungen sein könnten, zweier hebräischer Wörter, die über das Rotwelsche, die so genannte Gaunersprache, ins Deutsche gelangt sind. ‚Bartl' wäre dann verfremdet aus ‚Barsel' abgeleitet - das eigentlich Eisen heißt, aber auch im biblischen Hebräisch schon eiserne Geräte wie Pfannen oder Waffen oder Werkzeuge bezeichnen kann. In diesem Fall wäre es wohl das Brecheisen, denn ‚Most' hätte sich entwickelt – nach dieser Erklärung – aus hebräisch ‚Moos', das bedeutet Geld.

Also, wo man mit dem Brecheisen an Geld kommt, das ist der eigentliche Hintergrund dieser Redensart ‚Wo der Bartl de Moscht' holt. Das wird im Rotwelschen eben gerne verhüllt ausgedrückt, also die Redensart bezieht sich auf harmlosen Most, meint aber Geld und ein eisernes Werkzeug zu dessen Beschaffung. Die Redensart stammt übrigens vermutlich aus dem fünfzehnten Jahrhundert."

Most welcome: Wenn es im Ländle etwas zu feiern gibt, ist das heimliche Nationalgetränk mit dabei und spielt sogar manchmal die Hauptrolle, wie bei der 1. Vorarlberger Mostkrugschiebemeisterschaft Ende Juli 2007. Für die neue Trend-Sportart sind eine 4,50 Meter lange „Schiebebahn" und ein Mostkrug notwendig. Mit einem möglichst dosierten Schub muss der Mostkrug möglichst weit nach hinten geschoben werden, jedoch ohne am Ende der Bahn in den Korb zu fallen.

Auch hier gilt: Sollte es mit dem Sieg nicht ganz so geklappt haben - Nicht nur dem „Schwaben sei Troscht ischt der Moscht".

Schnaps

Ein „Verrupferli“ (echter Obstler) gehört einfach dazu.

Einem Zufall war es zu verdanken, dass vor mehr als 2500 Jahren griechische Seefahrer auf hoher See aus Meerwasser durch Destillation das überlebensnotwendige Süßwasser gewannen.

Erste ausführliche Äußerungen zu den Grundprinzipien der Destillation, der Verdampfung und Kondensation, stammen von Aristoteles (384 bis 322 v. C.), der in ihnen die wirklichen und tatsächlichen Ursachen für den ständigen Kreislauf des Wassers in der Natur erkannte. „Das von der Sonne aufgesogene Wasser kommt als Regen wieder herunter, sammelt sich unter der Erde und fließt daraus ... wieder hervor.“

So entstehen nach Aristoteles die Bäche und Flüsse, die letztlich ins Meer fließen. Der ständige Kreislauf des Wassers ist es auch, der ein allmähliches Überfließen des Meeres verhindert.

Aristoteles hat zweifellos schon in früher Zeit die der Destillation zugrunde liegenden Prinzipien der Verdampfung und Kondensation richtig beobachtet und zu deuten verstanden. Wie es mit dem Schnaps angefangen hat, ist nicht genau belegt, denn nicht alles wurde früher aufgezeichnet. Meist war es eine geheime Vorgeschichte, die Gründerväter hatten zuvor schon im Nebenerwerb ihre Erfahrungen gemacht und so manch „Interessantes“ wurde erst gar nicht niedergeschrieben, sondern mündlich an den Erbsohn weitergegeben. Auf der Suche nach der seinerzeitigen Spirituosenkultur findet man kaum mehr als einzelne Bruchstücke. Es kam auch vor, so sagte man, dass mancher Brenner selber so viel von seinem guten Tropfen gekostet hat, dass er nicht mehr in der Lage war, sein „Know-how“ weiterzugeben. Aus mündlichen Überlieferungen geht hervor, dass es in jeder Gemeinde Brenner gab, die immer einen vorzüglichen Brand herstellten und bei denen es auch entsprechend „sauber zuging“. Bei einigen Schnapsbrennern konnte man jedoch schon beim Anblick der Gerätschaften auf einen minderwertigen Schnaps schließen, ein „Schießhüslar“, wie er im Volksmund genannt wurde.

In Vorarlberg hat das Schnapsbrennen jedenfalls schon eine jahrhundertelange Tradition. Heute noch haben viele Obst- und Gartenbauvereine fahrbare (und mietbare) Brennereien, die es auch kleinen Obstbauern oder interessierten Privatpersonen erlauben, ihren eigenen Schnaps zu produzieren. Rund 3300 bäuerlichen Betrieben stehen an die 4000 abfindungsberechtigte Brenner gegenüber.

Wer in Vorarlberg einen heimischen Schnaps bestellt, muss sich auf eine breite Auswahl gefasst machen. Die Vorarlberger Landwirtschaftskammer prämiert jährlich die besten Destillate mit einem Gütesiegel. Voraussetzung ist, dass nur in Vorarlberg gewachsenes Obst verwendet wird.

Der Geist in der Flasche

„Subirer“/„Subira“

Die „Subira“ oder „Subirer“ ist eine regionaltypische Birnensorte, die in Vorarlberg ihre „Urheimat“ hat. Nach dem Erfolg des „Subira-Schnapses“ wurde auch schon in anderen Regionen versucht, diese Sorte anzubauen. Die Erzeugung beziehungsweise die Bezeichnung „Subirer“/„Subira“ ist aber nur Vorarlberger Brennern gestattet und als Markenname geschützt. Der eigenartige Name dieser Birne kommt den Erzählungen nach (zumindest nach einer der Theorien) von der im Volksmund gebräuchlichen Vorsilbe „Su“, die – gelinde gesagt – Missfallen zum Ausdruck bringt. Die Frucht verbreitet im vollreifen Zustand einen unwiderstehlichen Birnenduft, der erste Biss jedoch wartet mit einer unangenehmen Überraschung auf: Im Fruchtfleisch befinden sich viele kleine Steinzellen (harte Körner) und der raue Abgang ist alles andere als Genuss. Umso besser schmeckt jedoch die verarbeitete Version, beim Brennen entfaltet sich das ganze Aroma.

„Fraxner Kriasi“

Das Dorf Fraxern hat sich durch seine klimatisch begünstigte Hanglage einen Namen als Kirschendorf gemacht. Neben 15 unterschiedlichen Krischensorten wächst hier auch die „Fraxner Kriasi“, eine Spezialität des Vorarlberger Obstbaus, die sich hervorragend zum Brennen eignet. Der „Fraxner Kriasi-Brand“ wurde national und international oft prämiert und gilt als erlesene Rarität unter den Edelbränden.

Der Trester, der Bregenzer Grappa

Wie so oft entstand auch die Idee für einen Bregenzer Traubentrester-Brand beim gemütlichen Zusammensitzen. Der Vorarlberger Winzer und Vinobile-Sieger Sepp Möth jr. hat sich mit dem Traditionshause Zauser verbündet, um seinen Traubentrester in einen Brand zu veredlen.

Damit ist aus Bregenzer Trester ein echter Bregenzer Grappa entstanden. Die Aromen aus Blauer Zweigelt und Chardonnay werden in einem Cuvée vermählt und ergeben einen typisch-harmonischen Grappa.

Informationen: Vorarlberg Tourismus

Bibliothek für Genießer

Weißensee kulinarisch

Hannes Müller, Andreas Striemitzer

Dieses Kochbuch führt uns an den Weißensee, an diesen ganz besonderen Flecken Erde mit seiner einzigartigen Küche – frisch, natürlich, modern und vielseitig.

128 Seiten, 16,5 x 23 cm, gebunden, Preis: € 14,90
ISBN: 978-3-902532-37-4

Die österreichische Mostküche

Barbara Haiden

Eine kulinarische Reise ins Mostviertel, das Verführerisches aus Küche und Keller zu bieten hat. Denn Most ist nicht nur als Getränk etwas Besonderes – ob mild, kräftig oder resch, ob säuerlich schmeckender Apfelmost oder fruchtiger Birnenmost – er verfeinert Suppen, Braten und Desserts.

144 Seiten, 16,5 x 23 cm, gebunden, Preis: € 16,90
ISBN: 978-3-902351-97-5

Das Vorarlberg-Kochbuch

Lisbeth Bischoff

Die Küche Vorarlbergs zeigt sich leichtfüßig und hat längst das Schwere verloren, ohne den würzigen Geschmack abzulegen. Sie präsentiert sich modern und hat den Anspruch, innovativ, kreativ und sich ihrer Wurzeln bewusst zu sein. Und das schmeckt man auch!

192 Seiten, 22 x 26 cm, gebunden, Preis: € 24,90
ISBN: 978-3-902532-35-0

KRENN

Hubert Krenn VerlagsgesmbH

Gußhausstraße 18, 1040 Wien, Tel. 01 585 34 72, Fax 01 585 04 83, hwk@buchagentur.at, www.hubertkrenn.at

Haubenküche zum Beisl-Preis

Noch mehr Haubenküche zum Beisl-Preis

Dieses Kochbuch zeigt, dass feine Küche nicht teuer sein muss. Österreichs Koch-Elite gibt wieder Rezepte zum Besten, deren Zutaten für 2 Personen nicht mehr als 5 Euro kosten.

Verkaufspreis: € 14,90, davon 2 Euro für das neunerHAUS

ISBN-10: 3-902532-11-4 | ISBN-13: 978-902532-11-4

Süße Haubenküche zum Beisl-Preis

Österreicher sind Naschkatzen, soviel steht fest. 80 Rezepte für eine „dolce vita". 2 Euro pro Buch für ein Leben in guten Bahnen.

Verkaufspreis: € 14,90, davon 2 Euro für das neunerHAUS

ISBN-10: 3-902532-12-2 | ISBN-13: 978-3-902532-12-1

Sterneküche – Rezepte für fünf Euro

Die Armut wächst. Der Hunger nach guten Rezepten ebenfalls. Deutschlands Köche, mit Sternen ausgezeichnet, stellen ausgezeichnete Rezepte zur Verfügung. Mario Kotaska, Johann Lafer, Dieter Müller, Sarah Wiener, Harald Wohlfahrt & Co.

Verkaufspreis: € 14,90, davon 1 Euro für das neunerHAUS und 1 Euro für Armut und Gesundheit in Deutschland e.V.

ISBN-10: 3-902532-10-6 | ISBN-13: 978-3-902532-10-7

KRENN

Hubert Krenn VerlagsgesmbH

Gußhausstraße 18, 1040 Wien, Tel. 01 585 34 72, Fax 01 585 04 83, hwk@buchagentur.at, www.hubertkrenn.at

Fanni Amann, Meine Küche

226 Seiten, 15 x 22 cm, gebunden, Preis: € 16,90
unveränderter Nachdruck
ISBN: 978-3-902532-52-7

Eine Auswahl von 1111 Rezepten für den bürgerlichen und vegetarischen Tisch lautet der Untertitel von Fanni Amanns „Meine Küche". Und das ist nicht das Einzige, was das im Jänner 1931 erstmals erschienene Kochbuch verspricht und bis heute hält. So findet sich in dem ursprünglich als Manuskript für ihre zahlreichen Kochkurse zusammengestellten Kompendium wertvolles Wissen über die Zubereitung von Speisen; etwa wie man Wildbret warm einbeizt oder die Zubereitung einer Mai-Bowle, die mit dem richtigen Zeitpunkt für das Pfücken des dafür notwendigen Waldmeisters beginnt. In diesem Sinn ist „Meine Küche „ein faszinierender Gegenentwurf zum Fast-Food-Kochen.

Der unveränderte Reprint veranschaulicht darüber hinaus einen anderen modernen Aspekt von Fanni Amanns Zugang zum Kochen: Nicht alles ist festgelegt, vielmehr gilt: „Die Erfahrung lehrt das Selbstverständliche." Als Gebrauchsanleitung verstanden heißt das: Die Mengenangaben sind selbstverständlich an die individuellen Ernährungsanforderungen anzupassen.

„Meine Küche" hält auch, was sie zum Zeitpunkt ihres erstmaligen Erscheinens noch nicht versprechen konnte. Als bedeutsame Anleitung zur Einführung in den bürgerlichen Geschmack eröffnet sie heute einen faszinierenden Einblick in die sich verändernde Ess-Kultur jener Jahre. So ist der Reprint von Fanni Amanns mehr als 10 Jahre nicht erhältlichem Buch auch ein Akt wider das Vergessen.

Summa summarum: ein Koch-Kult-Buch gegen Kultur- und Blutarmut.

KRENN

Hubert Krenn VerlagsgesmbH

Gußhausstraße 18, 1040 Wien, Tel. 01 585 34 72, Fax 01 585 04 83, hwk@buchagentur.at, www.hubertkrenn.at

Begegnung mit 11 Hauben

Griaß enk!
Tiroler Haubenküche

11 Tiroler Spitzenköche stellen ihre persönliche Interpretation einer regionalen Küche vor. Dabei entsteht ein faszinierendes Panoptikum darüber, was Tiroler Spitzengastronomie heute ist. Alexander Fankhauser, Mario Kaltenbacher, Siegfried Kröpfl, Martin Sieberer, Christoph Zangerl und Co. stellen eine moderne kulinarische Interpretation ihrer Heimat vor und empfehlen ein genussvolles Flanieren durch eine höchst eigenständige Küche, die ihrer Tradition mit Weltoffenheit und Raffinesse begegnet.

224 Seiten, 21,5 x 29 cm, gebunden mit Schutzumschlag, Preis: € 36,00
ISBN: 978-3-902532-47-3

KRENN

Hubert Krenn VerlagsgesmbH
Gußhausstraße 18, 1040 Wien, Tel. 01 585 34 72, Fax 01 585 04 83, hwk@buchagentur.at, www.hubertkrenn.at